贺宜志诗词选粹

贺宜志 ◎ 著

民主与建设出版社

·北京·

图书在版编目（CIP）数据

贺宜志诗词选粹 / 贺宜志著. --北京：民主与建
设出版社，2018.9

ISBN 978-7-5139-2286-9

Ⅰ.①贺… Ⅱ.①贺… Ⅲ.①诗词－作品集－中国－
当代 Ⅳ.①I227

中国版本图书馆CIP数据核字（2018）第199875号

贺宜志诗词选粹
HE YIZHI SHICI XUANCUI

出 版 人	李声笑
著　　者	贺宜志
责任编辑	胡　萍
封面设计	聂尚武
出版发行	民主与建设出版社有限责任公司
电　　话	（010）59417747　59419778
社　　址	北京市海淀区西三环中路10号望海楼E座7层
邮　　编	100142
印　　刷	长沙鸿发印务实业有限公司
经　　销	全国新华书店
版　　次	2018年9月第1版
印　　次	2018年9月第1次印刷
开　　本	787mm×1092mm　1/16
印　　张	17.5
字　　数	228千字
书　　号	ISBN 978-7-5139-2286-9
定　　价	38.00元

注：如有印、装质量问题，请与出版社联系。

1963年在喻家碑学校
工作

20世纪80年代初全家合照

我和老伴、二女贺勤耘及她婆婆
在曲江合影

常红、潘兰和女儿贺思文合影

四婿冯可的幸福家庭
（从左至右依次为：冯子程、冯可、
贺忠红、冯子涵）

我的大外孙陈东
之女陈艺馨

我的二外孙佘建树和他
女友吴罗艳

贺宜志诗词选萃

我与蔡定炳（左）合影

我与彭承金（左一）、朱培高（中）合影

陈向平、贺勤耕、陈东、陈艺馨、李梦及李梦父母等人合影

聂尚武、贺宜志、王受益、
陶军、严若海、文芳等人合影

我与石首文艺代表张斌合影

我60岁生日时，与华容一中高61班学生合影　　　我60岁生日时，与华容一中高63班学生
　　　　　　　　　　　　　　　　　　　　　　　　　师生聚会合影

我和老伴受邀参加香格里拉大酒店金婚庆典(此照片曾刊于《深圳晚报》)

我和老伴50年金婚在罗湖香格里拉大酒店

我和老伴、三婿彭忠政、四女贺忠红、
二婿佘长春在矮寨大桥上合影

我和白邦发（中）夫妇在深圳湾合影

我行走在茶马古道

我和老伴在香港

我在阳朔遇龙河留影

师生聚会橘子洲

彭忠政、贺宜志、贺庆红、彭宇轩、喻再英在三峡合影

诗以情深句自佳（代序）

——读《贺宜志诗词选粹》

蔡定炳

刚刚读罢贺宜志先生的诗词三百首，在不到两年的时间里，贺先生又送来了他的新作《贺宜志诗词选粹》，共五百余首诗词。其中四百余首为新作，余者为前集选辑。一位年过古稀的老者，其写作之速，作品之丰，不得不让人竖指以赞，在同类者中引之为翘楚。

贺先生的前集中有我为他的《二十四节气诗》写的评，也许因为这点，每有新诗他总是第一个发给我。在夕阳的斜晖里，在青青的草地上，在汤汤的流水边，在飞檐翘角的亭阁中，在心舒步闲的漫步时，我们身首相挨、促膝相对。他读他的诗，兴之所至，啸傲高歌，忘情诵之。我则静静地听，细细地品，有时不免为他的奇句新意而击掌，直叹浓浓乎情郁郁乎文也。

贺先生的诗情首先表现在对世界、对国家大事的关心上。他以一颗赤子之心瞩目全球，礼赞祖国。虽然年过古稀，仍心忧天下，处江湖之远，则忧其君；虽未居庙堂，但位卑未敢忘忧国。这些内容都集中地表现在"家国情怀"这一章里。他对欧洲在战火纷飞中逃离家园的几百万难民痛心疾首："战火纷飞世界悲，儿童尸卧泪双垂。"对中俄联盟习近平主席同普京总统的会晤极尽赞美："借得东风非等闲，中俄合作万邦安。"对大陆与台湾的关系，对习近平同马英九的会晤由衷敬佩："打断骨头连着筋，同胞兄弟自然亲。"对蔡英文就职演说回避"九二共识"给予谴责："骨肉天亲谁敢割？江山归统不须猜。"对习近平主席检阅三军写诗赞道："沙场检阅壮军魂，兵阵威严不辱身。"对纪念抗战胜利七十周年大阅兵歌而颂之："泱泱古国强军梦，款款东风耀皓苍。"对神州十一号载人航天卫星发射成功蹈之舞之："神州十一射天宫，筑梦天庭百世功。"同时，对国内娱乐界之乱象如戏子误国，对聊城辱母杀人案，对平反昭雪改判聂树斌无罪事件，对农村某些地区人情风盛行等等，都给予批评或呼吁。贺先生的家国情怀，表现的是一位老共产党员心怀天下的忧乐情怀。

　　贺先生虽年逾古稀，仍激情澎湃，热衷于祖国的锦绣河山，他乘退休之后身强体健之时游览名山大川、名胜古迹。书中的山水记游诗堪为重头戏。在这些"山水揽胜"的诗中，正如《文心雕龙》里所说诗人"神思方运，万涂竞萌；规矩虚位，刻镂无形。登山则情满于山，观海则意溢于海；我才之多少，将与风云而并驱矣"。几年来，他陆续到过香港、澳门，湖南桃花源、岳麓山、衡山、凤凰古城，江西庐山、九江，贵州贵阳红枫湖、黄果树瀑布，四川峨眉，广西漓江，海南万泉河，陕西西安大雁塔、曲江、骊山，云南玉龙雪山、大理、苍山洱海，浙江杭州西湖、钱塘江、苏州园林，山东蓬莱阁，河北秦皇岛、北戴河，北京长城、颐和园、圆明园、山海关，他还徘徊在故乡家园的山山水水之间。贺先生可谓足行万里，诗写千篇。每到一处，诗人首先观山水之胜，描其形状，摹其山水，然后勤查资料，了解其人文历史，追本穷源，评史述人，发述感慨。如《游大雁塔》："雁塔闲游酒复斟，广场灯影夜连晨。玄奘心海谁知晓？进士仙乡柱刻痕。历史千秋留胜迹，江山万代照金云。曾来此处题名客，都是春风得意人。" 再如《游西湖》："秀美西湖浪漫游，人文故事笔端收。断桥神会仙蛇女，岳庙怒敲奸贼头。灵隐钟鸣宣活佛，柳堤燕语叹苏妞。杭州花月千年艳，今古传奇甜梦留 。"特别值得感叹的是，贺先生对山水之爱几乎超及想象，祖国故园的山山水水让先生乐而忘返，令他诗兴勃发且诗词满囊。在游览了湖南边城湘西凤凰后，贺先生一气写了十八首，堪谓"一步一景，步步皆诗"。他的记游诗，让足不出户的人们读后也能神游万仞而精骛八极，与诗人同观同享祖国的壮丽山河。

　　"月是故乡圆。"古往今来，故乡于人可谓与生俱来的胞衣，与人血肉相连，魂魄相系。故乡是每个人的终身襁褓，朝暮亲近，没齿不忘。故乡是远处游子的夜夜长梦，历久弥香。因此，故乡也就成了文人笔下的诗词歌赋，常写常新，书纸飘香。在贺先生的诗词集里依然飘散着浓浓的乡情与乡愁。而他书写这乡情与乡愁题材之广泛，内容之丰富，文辞之精美，情感之浓烈，真让人击节赞叹，可圈可点。其中既有青梅竹马时的童真童趣，也有老年离家时的依恋不舍与归家时的欣喜若狂；既有垦荒种菜的闲情，也有节日时令的雅趣……这些内容集中收于"故园春梦"这一章里。"锄舞青山绘画廊，闲来无事垦秋荒。黄湖翠竹婆娑影，催吐诗情满月窗。"（《黄湖山垦荒》）"车过故乡萦旧怀，诸多童趣眼前来。当年那个麻花辫，人隐竹园猜几排？"（《乡情》）"改序从今日始长，午休却被雀声伤。南风带暑翻诗稿，沱水流花入韵乡。庭院石榴开立夏，田园麦穗褪春妆。农家渴望收成好，早稻追肥除草忙。"（《立夏即事》）读罢这些满溢情趣的诗，我们对诗人对故园乡土的深厚情谊感同身受，因诗人诗意的栖居和生活而感到尘虑顿消、惬意满怀。

"文之思也，其神远矣。故寂然凝虑，思接千载；悄焉动容，视通万里；吟咏之间，吐纳珠玉之声；眉睫之前，卷舒风云之色。其思理之致乎！故思理为妙，神与物游。"用《文心雕龙》里的这段话来形容贺先生的"咏物寄情"这一章里的诗，我以为也不无恰当。诗人热爱生活，对身边眼前的万事万物，眼观之则为色，耳闻之则为声，赋性模状，抒情发感。春花秋月，四季轮回，花鸟虫鱼，飞禽走兽，在他笔下一一存照。在写作上他赋性于物，取物于人，物为人情，以情役物，故物与情水乳交融。"小草无私生命强，不求名利敢担当。"（《小草》）"愁云消散日边去，六角晶莹沐瑞光。"（《雪》）"多行不义遭天谴，最怕过街喊打声。"（《鼠》）"牧场老骥思千里，不用扬鞭草上飞。"（《马》）"一身是宝堪荣耀，万古长青有茂荫。"（《银杏颂》）"千姿百态花如叶，装点江山更有谁？"（《三角梅》）从这些诗词，我们不难看出诗人比兴手法之娴熟，诗艺之精湛，读者必能从中获益匪浅。

人生于世，你来我往，少不得题赠唱酬。在"题赠唱酬"里，诗人对同事，对朋友，对学生，对亲人，无不以殷殷之情，拳拳之心，极尽赞美勉励。对已逝之老友心怀哀悼，记功述德，深切缅怀。校友聚会以诗赋之，闲居村落以诗赞之，同事寿庆和诗祝之。在所有的唱酬中，让读者领略世间可贵的真情。

贺先生退休不退学，在赋闲之中不忘学习，尤其爱好中华传统文化，他学而能记，记而能诗。"一册留床听逸韵，依稀往梦似曾通。"（《读〈唐诗纪事〉》）"觅得宋词书几卷，漫游学海枕霜眠。"《读〈宋词记事〉》）"中西经典导航灯，巨匠平生血写成。"（《读〈人间词话〉感赋》）"册中律句千家造，卷内佳联万口传。"（《咏

〈随园诗话〉》）"执政为民匡正义，党群关系自然殊。"（《读〈耿飚之问〉》）贺先生的这种对传统文化的热爱之情，学以致用的能力，都是值得我们学习的。

最后不得不提的是，贺先生对诗词的爱好与写作不能说是执着，而是几近痴狂。他把写诗当成晚年生活的最大乐趣，不可一日无诗。"书山攀顶足勤练，学海行舟桨力划。"（《学诗自诚》）"星光月影床前落，诗海涛声枕上听。"（《枕上听诗》）"案上吟笺抄了毁，灯前倦影踱成伤。"（《寒露随感》）正因为如此，在长久的酝酿磨炼写作中，诗人诗艺日见成熟，诗才日臻敏捷。在"诗书感悟"里，有人以"谁写江南一段秋"为题，将其句分别放在八首律诗的不同位置，称其为"醉八仙体"（辘轳体）。贺先生见后，不禁技痒，诗兴勃发，运斤成风，连写八首。其诗浮想联翩，视野广阔，格调高雅，意境深远，佳句连篇，堪称绝唱。这是贺先生对自己诗艺诗才的一次大检阅。

俗话说，受人之托，忠人之事。我受贺先生所托为其作序，贺先生的诗包罗万象。读贺先生诗如入花海，如观花筒，目不暇接，眼花缭乱。我之为序，由于才疏学浅，知见不足，难免挂一漏万，管中窥豹。所幸有诸多方家和博学的读者，可以为其补正。诚如是，则我之大幸也。是为序。

二〇一七年十月二十五日于黄湖花园寓所

（作者为湖南省作家协会会员，华容一中语文高级教师。已出版《杏坛拾蕊》《儒歌唱晚》两部文集）

目　录

家国情怀

山水揽胜

目录

3

目录

5

诗书感悟

方家推评

家国情怀

大阅兵

2015 年 9 月 3 日

天安门上赤旗扬，如日东升万丈光。

习大阅兵星捧月，友邦助阵汗流裳。

泱泱古国强军梦，款款东风耀皓苍。

昔日病夫肌肉健，和平崛起四时昌。

注：中国人民抗日战争胜利 70 周年大阅兵今天上午在天安门广场举行，
有俄罗斯等 31 国元首及代表团参加观摩，有 17 国友军方队助阵。
场面壮观，震撼人心，感慨而咏。

欧洲难民之殇感悟

2015 年 9 月 14 日

战火纷飞世界悲，儿童尸卧泪双垂。

危机四伏欧洲裂，政治分歧冷眼窥。

昔日联盟争利益，今朝各自掩门扉。

柏林墙倒沙盘变，国破黎民噩梦随。

注：自伊拉克战争以来，伊拉克、阿富汗、叙利亚多地长期战火纷飞，
难民潮涌欧洲。前不久有三岁女童尸横沙滩的照片网上发布，催人
泪下。今欧洲各国为各自利益，迟缓应对。] 几百万难民流离失所，
此情此境，让人生发"国破家何在"的感叹！

新学期寄语班主任

2015 年 8 月 28 日

名校带班肩不轻，霜晨奔走夜归营。

心牵学子青云路，身系中华桃李英。

西席烛光三鼓照，东窗暑气五更迎。

清贫无悔为家国，洒向教坛皆是情。

注：三女庆红新学期再任华容一中班主任，赋诗寄赠母校班主任。西席，教师的别号。

重阳咏菊

2015 年 10 月 21 日

几经风雨几经霜，自恃孤高压众芳，

苗圃花凋三径冷，青山叶落九秋凉。

东篱丛瓣施金粉，西苑香魂染雪霜。

挚友文朋扶醉影，吟诗写意度重阳。

《中国出了个毛泽东》观后感

2015 年 10 月 25 日

军事奇才毛泽东，献身革命一门忠。

井冈山上燃星火，遵义城中起卧龙。

大渡索桥争战急，雪山草地困难重。

延安灯照神州亮，四海同歌不老松。

注：国庆前夕，我和老伴在长沙小住，二女勤耘，婿佘长春，四女忠红偕小外孙冯子程，陪我们游览领袖故里韶山和花明楼，晚上观看了全球最大的实景剧《中国出了个毛泽东》。该剧灯光动景场面恢宏，震撼人心，赋诗记怀。

四世同堂

2015 年 11 月

四世同堂兰桂芳，外孙当父喜沾光。

群聊陈府添生酒，共庆东哥弄瓦璋。

沉醉春风枝叶茂，绵延瓜瓞瑞烟长。

一家老少相牵手，挺直脊梁奔小康。

习马会

2015 年 11 月 7 日

打断骨头连着筋，同胞兄弟自然亲。

干戈化帛愁云散，习马言欢喜气临。

各报头条传世界，台湾大陆抚瑶琴。

和平统一中华梦，历史千秋不朽勋。

题深圳第三届马拉松赛

2015 年 12 月 6 日

深马牵来市府中，鸣鞭欲向港湾东。

神男踏破东方雾，黑女骄嘶南国风。

大赛三次惊宇内，狂奔百里震苍穹。

鹏城岁岁冬花艳，装点江山冠世雄。

注：今年是深圳第三次国际马拉松赛，男女冠军均是埃塞俄比亚选手，
赋诗记之。

祈祷同胞含笑回

2015 年 12 月 23 日

山体滑坡深圳哀，天灾人祸费神猜。

泥流海啸多楼垮，管爆波冲数厂埋。

生命失联深夜找，安全隐患早期排。

消防施救无眠日，祈祷同胞含笑回。

注：2015 年 12 月 20 日上午 11 时 40 分，深圳市光明新区恒泰裕工业园
　　发生山体滑坡。附近西气东输管道爆炸，导致煤气站发生爆炸。消
　　防队员日夜搜救，有重庆小伙田泽明被埋 67 小时后获救，他是首
　　名获救者。

痛定思痛步迈开

2015 年 12 月 26 日

悼念无辜七日哀，调查结论落尘埃。

滑坡本是人为祸，堆土倾流灾害来。

悲剧既成勿再演，救援善后巧防排。

安全责任如山重，痛定沉思步迈开。

注：国务院调查组认定，深圳市光明滑坡灾害由受纳场渣土堆填体滑动
　　引起，不是山体滑坡，不属于自然地质灾害，是一起生产安全事故。

叹赈酒

2016 年 3 月 1 日

湘北乡村琐事烦，盛行赈酒醉贪馋。

左邻摆罢新婚席，右舍接来生日筵。

正屋落成才请客，厨房改造又鸣鞭。

陈规陋俗何时了，怎过人情攀比关？

注：听杨林市司法所编排的湘北大鼓《赈酒也烦恼》，感赋。

大鹏奔跑迎新年

2016 年 1 月 2 日

鹏鸟朝阳翅展开，健康奔跑万人来。

微群相约新鲜事，亲友出行环保牌。

跨岁文章花样变，迎春福字冠军裁。

金猴呈瑞攀高地，值守平安写壮怀。

注：元旦，由万科企业股份集团组织的第三届深圳大鹏新年马拉松赛开
跑，同日深圳有上百个跑点启跑，美妙时刻值得记录。

洞庭湖上挖藕人

2016 年 3 月 6 日

浩瀚洞庭湖藕甜，野生原味特新鲜。

玉根泥下莲荷发，月影风前蝴蝶翩。

冷水浸身翻挖土，热汤暖胃笑谈天。

满堂食客知谁苦？力拔千斤何等难？

注：看《鼎盛华容》视频洞庭湖上挖藕人感赋。视频介绍洞庭湖有 20
万亩野生藕，冬季每天约 200 人下湖开挖。荆州专业挖藕人朱友红，
日挖 1000 多斤，20 年如一日，实属不易。

老伴南岳朝圣

2016 年 3 月 12 日

大病经年喜再生，仙风迓客到衡城。

祝融寺内神光照，南岳峰端铁链横。

山路弯弯留汗渍，台阶步步印泥痕。

平生向善应多福，策杖登临寿益增。

注：老伴胃疾，术后四年之际，再登衡山祈福，赋诗祝贺。

抱恙偶吟

2016 年 4 月 4 日

偶感风寒诗径荒，几天无韵笔尖凉。

多情应是沱江月，夜夜相温润涸肠。

盗版图书

2016 年 4 月 5 日

盗版图书价不同，论斤售卖法难容。

小街陌巷车摊摆，错谬流传害学童。

农忙季节

2016 年 4 月 9 日

雨后新晴玉宇澄，稻田蓄水始春耕。

铁牛奔跑犁翻土，泥水横流浪逐风。

四面青山千树影，一湾沃野几村翁。

农忙季节轻松过，机械深耘五谷丰。

注：雨后新晴，我闲步至清水村一二组，一湾农田只见两个村翁劳作。本
是大忙季节，大片稻田已用耕整机犁耙过，农民倒是清闲。赋诗记怀。

环卫工人颂

2016 年 5 月 15 日

清扫街台趁月明，勤劳身影露霜凝。

暮云冉冉三更梦，晨雾蒙蒙满座星。

愿握寒门珍贵帚，甘当环卫普通兵。

晶珠满面抛何物？洒向人间都是情。

台湾局势风云变

2016 年 5 月 20 日

台湾局势风云变，政党变更成祸胎。

两岸和平靠共识，一中表述有余怀。

英文演说摇基石，大陆声明除雾霾。

骨肉天亲谁敢割？江山归统不须猜。

注：今天是台湾地区新领导人的就职日，其就职演说回避"九二共识"
　　的核心意涵。国家大事，赋诗感怀。

文明城市建言

2016 年 5 月 22 日

城市文明五色霞，千街百巷斗春葩。

天蓝水碧家舒适，叶翠花红景可嘉。

庭院卫生人共责，乡规民约户同抓。

护林植树输清气，造福儿孙青史夸。

注：欣闻华容县获评国家卫生文明城市，赋诗建言。

百姓舞台

2016 年 5 月 23 日

月照沱江舞影摩，风吹花气荡心波。

轻歌曼妙催人醉，枕上梦回诗一箩。

注：华容河广场建有大型百姓舞台，夏夜灯火辉煌，轻歌曼妙，舞影婆婆，热闹非常，是居民消夏休闲的好去处。

羡渔家

2016 年 1 月 6 日

满船明月伴秋霞，岸柳参差倒影华。
丝网轻抛银鲤跃，远离霾雾羡渔家。

工匠精神

2016 年 6 月 6 日

中国工人风范存，匠心筑梦正逢春。
卫星发射功劳有，高铁飞奔技术珍。
事业成功凭信仰，金钱不动是精神。
追求更好豪情溢，自主创新牌更真。

高考

2016 年 6 月 7 日

高考如今大不同，国家重视警三重。

公平正义黎民愿，好学真诚院校崇。

十载磨锋初试剑，两天答卷即腾龙。

寒窗不觉流光疾，一纸书来尽笑容。

七一年年醉复斟

2016 年 6 月 23 日

自小孤儿沐党恩，阳光雨露记终身。

夫人疾病三番救，子女栽培五次祯。

虽近黄昏诗有热，须教晚辈墨留芬。

全家老少怀慈愿，七一年年醉复斟。

注: 我父母早逝，受党的培养我参加了教育工作，老伴疾病多次得到救助，
五个子女在华容一中读书且事业有成。在党的生日之际，赋诗感怀。

借得东风非等闲

2016 年 6 月 28 日

借得东风非等闲，中俄合作万邦安。

和平崛起睡狮醒，亚太重回搅局残。

南海翻波云水怒，美军布阵朔风寒。

支持习总普京策，战略声明止祸端。

注：俄罗斯总统普京访问中国，两国达成共识，发表了战略声明，赋诗感怀。

大雨煎心

2016 年 7 月 2 日

大雨倾盆梦不安，洪流滚滚水灾连。

贵州毕节山移动，湘北华容路漫淹。

万顷良田成泽国，千家屋宇落银川。

天公酿祸非人愿，点滴煎心稼穑艰。

回望卢沟桥

2016 年 7 月 7 日

卢沟晓月梦惊魂，日寇侵华七九春。

家国和平要爱惜，残渣泛起敢消沉。

殷忧启圣风犹在，继往开来志尚存。

朗朗乾坤人布雾，雄师万里除烟尘。

华容新华垸溃堤

2016 年 7 月 10 日

洪水滔滔恶浪翻，治河溃垸网间传。

有图有景还真相，无死无伤毁米川。

武警成千驰险地，舟桥上十运堤边。

齐心合力人为重，紧急迁移百姓先。

注：今天上午 11 时华容治河镇新华垸发生内溃，大堤缺口十米。该垸 6.6
万多亩，人口 2.7 万多。目前已成功转移灾民 2 万多人。还没有人
员伤亡。重大事件赋诗记之。

溃堤过后要思考

2016 年 7 月 11 日

溃堤过后要思考，人祸天灾各几分。

百里金堤伤一穴，千家玉宇泡全身。

是非功罪将评说，史籍文章会采甄。

痛定沉思开步迈，胸膛挺直建新村。

今夜西湖人共醉

2016 年 9 月 4 日

今夜西湖人共醉，春江花月闹云间。

天鹅起舞银波闪，梁祝相牵故事甜。

一曲月光音韵美，三千茶女色颜鲜。

外邦元首同欢乐，尽享天堂艺苑餐。

筑梦天庭

2016 年 10 月 17 日

神舟十一射天宫，筑梦天庭百世功。

月里嫦娥含冷韵，舱中骄子露芳容。

空间驿站红旗舞，宇宙英雄云路通。

遥望秋霞生异想，心随飞艇走苍穹。

注：神舟十一号载景海鹏、陈冬两名航天员，于今天上午在酒泉卫星发
射中心发射成功。国家大事赋诗记录。

南海风云挟浪花

2016 年 7 月 19 日

南海风云挟浪花，仲裁法院出麻纱。

张张废纸飞来日，队队军船拥落霞。

幕后菲佣成罪主，人前中国斗群鸦。

祖宗寸土须珍惜，我敢扬威惩恶邪。

载人飞船回家

2016 年 11 月 18 日

飞船载客闯星涯，昼夜三旬令返家。

着陆安全人瞩目，航空胜利国迎娃。

英雄状态归来好，百姓牵情笑语哗。

千古中华圆一梦，天宫探秘剪云霞。

叹巴西球员遇难

2016 年 11 月 29 日

机毁人亡万壑悲，巴西民众泪双垂。

航班失事球迷哭，天路忘归厄运随。

七十多条青壮影，一时片刻骨烧灰。

世间空难人为祸，此次堕机当告谁？

丰城遇难同胞头七祭

2016 年 11 月 30 日

电厂魂飞举国哀，东风不到旧平台。

无辜苦力含冤去，受害民工入梦徊。

事故发生谁可责？安全监理罪该裁。

人间自有公平在，法网无情难躲开。

注：江西丰城电厂施工平台倒塌事故，造成74人死亡，2人受伤。事故中涉嫌重大责任罪的9名责任人依法刑事拘留，案件在审理中。

叹聂树斌父母

2016 年 12 月 3 日

沉冤昭雪喜还忧，正义迟来律掩羞。

风雨奔波申状路，尘埃落定染霜头。

九原路上儿难找，一纸书前泪暗流。

但愿法官多尽责，人间错案必追究。

注：最高法院12月2日改判已被枪决的聂树斌无罪。读新闻后感慨而赋。

国家公祭

2016 年 12 月 13 日

石头城里笛声哀，遇难同胞卧九垓。
公祭亡灵天亦哭，民仇国恨涌吟怀。

注：今天是第三个南京大屠杀死难者国家公祭日，有近 8000 名军民冒
雨参祭。

雾霾

2016 年 12 月 24 日

天飘何物费人猜，万里神州降雾霾。
深圳机场门久闭，京珠高速路停开。
笑谈都说乡霾重，禁号犹冤尾气排。
探底究源根本现，青山绿水少浮埃。

新岁愿景

2017 年 1 月 21 日

料峭东风不觉寒，诗词吟咏兴尤酣。
儿孙微信平安报，老伴锅盆曲艺弹。
甜酒初蒸原汁酿，红灯高照壮丁添。
融融暖意家和乐，国富民强福祉绵。

大美中华女子花

2017 年 3 月 8 日

大美中华女子花，柔情似水玉光霞。
含辛茹苦撑天地，出阁和夫绵瓞瓜。
十月怀胎娘是累，一朝分娩院欢哗。
无私奉献为家国，慈爱母亲谁不夸？

中韩对阵

2017 年 3 月 23 日

馆内球迷声浪高，中韩对阵乐逍遥。
健儿不负民心望，夺冠长沙怨渐消。

题聊城辱母杀人案

2017 年 3 月 29 日

暴徒辱母在厅堂，血性男儿忍后狂。

见义勇为防卫猛，失心判决怨愁长。

中华自古孝慈重，法律从来正气张。

此案终究将再审，民情法理两相当。

注：山东聊城发生一起因债务纠纷引发的辱母伤人案。该市中院判当事人于欢无期徒刑。社会一时舆论哗然。赋诗建言。

心香一瓣敬苍天

2017 年 3 月 31 日

心香一瓣敬苍天，大病经年南岳还。

苦难人生终不悔，沧桑岁月自平安。

掸祛杂念凡根净，洗涤尘埃善果甘。

诚拜寿山添寿福，无灾无病乐陶然。

注：老伴术后五年，为祈福而再次登上了祝融峰。赋诗感怀。

清明祭祖

2017 年 4 月 2 日

平鼎山林竹影深，风光旖旎醉芳辰。

宗亲扫墓回桑梓，师长教孙读典坟。

追本溯源知世德，承前启后带新人。

年年相盼清明会，祭祀采公杯满斟。

注：章华台鉴湖堂贺氏，由十八世建设捐资 20 万元，在万庾平鼎山林
场为迁华一世祖采公修建陵园。本族今天举行庆典祭拜，参加活动
的有各房代表 200 多人。我作为主祭人宣读了祭文。这次活动由五
房做东，贺宜文组织。赋诗感怀。

五一赞劳工

2017 年 5 月 1 日

五彩缤纷照眼红，车如流水舞长龙。

著名景点人皆满，神圣劳工梦是空。

节日加班争贡献，河山征战得光荣。

心怀祖国倾情报，夜夜相思望月泓。

郭伯雄落马感赋

2015 年 7 月

大佬郭门西北狼，贪污受贿也疯狂。

肆无忌惮兵权弄，言重位高瘤毒长。

刮骨疗伤顽疾治，整风肃纪自身强。

一篙松劲前功弃，猛打穷追法度彰。

蒙（西）华（中）铁路荆岳段开工志庆

2015 年 9 月 9 日

蒙西煤气送东方，华邑粮鱼运北疆。

铁轨铿锵游客乐，路风和煦德音臧。

荆州跨越江南地，巴郡相连京广乡。

货物畅流千载梦，飞鸿报喜万壶觞。

注：途经华容的蒙华铁路荆岳段开工建设，家乡终圆千年梦，赋诗志庆。

"中国的圣诞节" 寄怀

2016 年 12 月 26 日

世界东方诞凤雏，人民万岁孰高呼？

开天辟地群贤颂，建国立功千载书。

饮水思源怀领袖，安居乐业念疆图。

初心不忘遵民意，执政为公瑞锦铺。

注：今天是毛泽东主席 123 周年诞辰，国人在网上称之为"中国的圣诞节"。

探炉鱼味

2017 年 5 月 30 日

四世同堂共午餐，南疆过节也心欢。

探炉鱼味精烧出，入口佳肴细解馋。

老少相牵知是福，春秋自在梦留甜。

从今学得茅山法，归隐林泉身自安。

注：今天为端午节，大外孙陈东在石厦新港商城请客，赋诗感怀。

赞南海神狐火炬

2017 年 5 月 19 日

从来冰火两重天，南海神狐火炬燃。
试采成功传捷报，欲寻得意寄狂欢。
能源潜力将研发，科技水平渐领先。
一号蓝鲸称霸主，中华崛起四邻安。

曼城恐袭

2017 年 5 月 25 日

恐袭曼城英国殇，而今世界好悲凉。
伤亡祸及无辜客，政治相争有罪郎。
只愿人间多正义，不教尘俗尽沧桑。
安全防范同升级，严惩顽凶法度张。

注：惊闻英国曼彻斯特体育场遭自杀式袭击。22 人死亡（包括 12 名儿童），
64 人受伤，9 人下落不明。赋诗谴责。

雁栖湖畔百花春

2017 年 5 月 15 日

雁栖湖畔百花春，元首来朝步刻痕。
合作双赢中国梦，创新开放地球村。
汉军万马开丝路，商队千帆踏浪声。
可喜高端峰会笑，和平发展梦成真。

汶川地震九年祭

2017 年 5 月 12 日

地裂天崩一瞬间，汶川大震九周年。
救援画面依然在，守望家山自是艰。
逝者无牵风骨冷，活人总盼梦魂圆。
世间虽有真情热，劫后星空孤月寒。

叹凤仪小学夏老师之殇

2017 年 5 月 11 日

含冤自尽恨愁长，读罢新闻热血凉。

鞭罚顽童重上道，心牵浪子再归航。

部门家长同相逼，学校群师共受伤。

悲剧发生谁可责？少年教育路何方？

戏子尾巴翘上天

2017 年 5 月 9 日

戏子尾巴翘上天，目空一切巧言谗。

人民警察污声辱，华厦歌迷乱象添。

阿宝文章锥政弊，老夫笔墨辨忠奸。

优伶误国前朝事，制度更新社稷安。

注：读阿宝微博感赋。

孺子牛塑像三十年感怀

2014 年 7 月 26 日

脚沉实地趁春光，奋力先犁垦野荒。

重负铁肩担道义，轻纾画卷绘南疆。

披肝沥胆开新路，沐雨栉风理旧妆。

垄亩躬耕三十载，鹏城崛起创辉煌。

章华台寻祖怀古

2013 年 9 月 22 日

谱云数祖葬章台，今觅芳踪了旧怀。

楚王河山残月照，章华台址野花开。

沧桑巨变无寻处，钟韵朦胧入耳来。

不见当年仙塚影，心萦遗迹自徘徊。

"香誓千年之恋"活动随想

2014 年 7 月 23 日

千年之恋灿云霞，廿对鸳鸯笑语哗。

香格里拉斟美酒，罗湖桥畔披婚纱。

儿孙绕膝家庭乐，玉树临风枝叶夸。

风雨相牵故事醉，同舟共济到天涯。

注："香誓千年之恋"，是深圳市罗湖香格里拉大酒店举办的公益活动。目的是弘扬社会敬老爱老，建设和谐家庭。8 月 30 日将有 20 对金婚家庭受邀出席。酒店免费为金婚夫妻拍摄金婚纪念照，提供合家餐饮，提供豪华套房住宿。前一天我有幸接受酒店志愿者小麦的采访和邀请，随想而咏。

清明祭舅父母（吴学忠、齐如珠）

2013 年 4 月 4 日

鹤舞霜天黔岭悲，凄风冷雨栋梁摧。

苍生有语凭谁诉？晚辈无时不梦随。

热血满腔倾战地，清风两袖树丰碑。

清明遥祭亲人墓，代代高擎忠义麾。

香港回归二十年

2017 年 7 月 1 日

竹苞松茂弱冠年，一国为根固本安。

两制和谐心自稳，千年发展梦能圆。

江山划定勿轻碰，骨肉分开莫乱弹。

香港繁荣拥祖国，良机把握写新篇。

习近平主席检阅三军感赋

2017 年 7 月 30 日

沙场检阅壮军魂，兵阵威严不辱身。

列式战机刚亮相，东风导弹再飚轮。

英雄方队昂扬步，将士初心胜负分。

装备精良谁欲试？敢拼敢打灭妖人。

读《弑师血案》有寄

2017 年 11 月 12 日

沉思血案久徘徊，难解师生是与非。

郁愤难平心绪乱，诗潮自涌泪花飞。

家庭教育何其重？学子修为不胜悲。

惟愿杏坛多捷报，光辉事业破重围。

注：读 2017 年 11 月 12 湖南沅江三中学生罗宇杰弑班主任鲍方新闻感赋。

喜庆十九大

2017 年 10 月 1 日

国庆中秋口号宣，亿民奔走笑声甜。

欣逢盛世平安福，喜遇神州领袖贤。

全党牵心十九大，春风得意一万年。

家和诸事皆如愿，长治久安天下先。

滩破浣溪沙·步履留痕

2017 年 10 月 9 日

步履留痕梦也真，艰难岁月读晨昏，少年故事泡清芬，跃龙门。

斗转星移须发白，耕云播雨几经春，吟笺问世带余温，启后昆。

回乡随感

2017 年 10 月 12 日

寒风冷雨雾烟稠，凝望农田敛眼眸。
成熟晚禾浸水泡，寂寥寒夜惹乡愁。
忧心催写告天状，秃笔难描怨妇秋。
大雁衔书捎玉帝，仙班可把恶神囚。

叹寡妇群

2017 年 11 月 26 日

读罢新闻泪暗流，万千寡妇怨春秋。

因穷思变郎行远，为有离分日暮愁。

落马贪官包二奶，穿金美女守空楼。

更新制度难题解，贫贱夫妻夜梦幽。

煎药

2018 年 1 月 20 日

大寒冷雨奈何天，参药炉中细火煎。

妻病经年难诉苦，夫陪万里总言欢。

壶汤汁味医顽疾，梅雪情怀入砚田。

但愿身康春不老，灵根慢煮可延年。

过小年

2018 年 1 月 20 日

万紫千红扑眼帘，花灯庙会映欢颜。

笙歌一曲春如海，美酒三杯步若仙。

身在南疆思故土，心于高处望骚坛。

年逢盛世亲情热，诗写人间岁月甜。

乘高铁有感

2018 年 2 月 1 日

高铁逍遥去广东，沿途如意觉轻松。

天寒地冻添温暖，柳暗花明人色红。

志愿青年帮老弱，陌生男女学雷锋。

和谐号上诗潮涌，沐面春风斗雪风。

注：今天和老伴乘 G1031 次列车去深圳，因老伴体弱，行李太重，出
发时行动颇不便。但进了高铁站青年志愿者主动帮助将笨重行李送
上列车。一路顺利，如沐春风。赋诗感怀。

老伴逃生

2018 年 3 月 15 日

老伴逃生又一回，嶙嶙瘦骨病魔摧。

养儿育女人生苦，问路求医命运悲。

枯木还春凭妙药，春山吐翠染霞晖。

江湖骇浪安然过，岁月重来鹤再飞。

迎春花市

2018 年 2 月 4 日

迎春花市十区开，前海和风早扇来。

北国南疆年俗异，大湾深圳岁花栽。

万家妆点诗窗热，千里闲游月影筛。

日子天天红似火，时光静好莫徘徊。

龙抬头日陪护得句

2018 年 3 月 18 日

龙抬头日咱抬头？一年好运自田畴。

惊雷阵阵乌蛇滚，闪电频频浊水流。

雨打三春杨柳色，风吹二月燕莺楼。

菜花黄了乡愁烈，荆妻苦泪枕边收。

注：今日为农历二月初二。

都门雾霾有寄

2018 年 3 月 29 日

霾侵沙暴袭都门，雾气横飞散毒尘。

仗剑英雄应有胆，拿云高手总来神。

清风朗月估无价，鸟语花香送远村。

耗尽资源千古恨，青山绿水惠黎民。

屋顶花园

2018 年 3 月 25 日

屋顶花园烂漫姿，海棠依旧宿云滋。

一天几次登楼望，半夜三更咏月痴。

蝶影穿梭如织梦，春山回首似相思。

最难此际心生念，远眺乡关总有诗。

戊戌清明祭采公陵

2018 年 4 月 5 日

雷鸣电闪雨纷纷，八辈同堂祭祖坟。

三百宗亲连血脉，几多香楮滴苔痕。

弘扬厚德家风显，培育新人习俗淳。

但愿章华支系旺，采公后代跃龙门。

老伴复明有记

2018 年 3 月 1 日

人生不易病相欺，两眼云遮归路迷。

疾治经年身更弱，医求半世命离奇。

复明妙手燃希望，安好晶瞳泛碧漪。

儿女孝顺心自亮，还朝南岳悟禅机。

注：老伴 2012 年在深圳北大医院做胃癌根治术。六年后又在此院做白
内障复明手术。人生大事，以诗记之。

戊戌（犬年）贺岁诗

2018 年 2 月 15 日

鸡鸣远树送年关，犬吠长春接岁欢。

万象更新添瑞色，百花齐放染青山。

神州更是今宵乐，大地何曾一日闲。

四海同圆中国梦，蓝河墨水润诗笺。

生日寄怀

2018 年 3 月 4 日

正月桃花破例红，老夫生日沐春风。

鹏城燕祝南山寿，渤海孙歌北国松。

甥子几家情约聚，女儿千里意相崇。

江湖莫测谁能走？唯有心和路可通。

过莲花山有寄

2018 年 3 月 7 日

莲花山下鹊讴晨，一片桃花报早春。

云卷云舒心淡定，车来车往月升沉。

朝朝暮暮添祥瑞，急急忙忙探病人。

重症能医消息好，平安可许伴终身。

注：老伴在莲花山下北京大学深圳医院做白内障复明手术成功，现又在该院消化内科治疗。病情好转，健康可期，天天来往，赋诗寄情。

海上阅兵

2018 年 4 月 13 日

阅兵海上壮军魂，扬我国威含意深。
战舰精良初亮相，歼机活泼正传神。
全新姿态乾坤转，未老情怀泾渭分。
自古中华邪不怕，敢教敌阵火烧门。

碧牡丹·桥头静思

2018 年 4 月 18 日

柳绿沱河淡，日暮霓灯粲。站立桥头，水色生辉波
泛。两岸缤纷，花气摇风漫，月姑云眼窥看。

故乡楝，吐蕾诗稿纂。春山可知情暖。咫尺天涯，
咏友唱酬相伴，好韵时牵。多少难眠夜，而今了却心愿。

六安教师讨薪感赋

2018 年 5 月 31 日

六安事件刷屏重，欲吐真言警世风。

扫净斯文银铐出，偏离正义法槌空。

教师颜面今安在？社会舆情已愤攻。

倘若薪金都靠讨，讲坛三尺几人崇？

长生乐·赞田秀英

2018 年 5 月 13 日

"笑对人生"演讲频，田母是嘉宾。幼童垂死，舍命救儿身。大爱祥光奇照，灿烂星辰。平民故事，听者芸芸泪沾巾。

千千世界，万象更新。贫穷亦可翻身。称楷模，孝德为家珍。莫教年月虚度，农妇乐天伦。

注：山东道德模范田秀英，数次将重度烧伤的幼儿从死神手中夺回，并将儿培育成才。在母亲节时将此首词献给天下大爱的母亲。

山水揽胜

桃花源

2015 年 9 月 19 日

薜萝咫尺洞天涯，世外桃源幻境霞。
修竹茂林腾细雾，古松翠柏隐农家，
梯田色染秋光艳，碧水溪清鳖蟹爬。
静谧村庄生态异，牧童笛韵荡山崖。

秋醉麓山

2015 年 9 月 22 日

登山一望秋霞艳，丹桂飘香万里晴。
枫叶含油层岭染，玉芽吐墨碧螺青。
茶庄静坐敲佳句，岳麓闲游悟佛经。
惬意人生杯酒乐，诗情未了醉还斟。

游红枫湖

2015 年 10 月 30 日

山外青山湖外湖，高原深处隐明珠。

红枫艳叶秋光异，碧水漾波景色殊。

船艇乘风蹈胜境，凤凰比翼歇苍梧。

游人觅得桃源洞，也学神仙缱绻居。

注：红枫湖在贵阳西32公里处，是著名的旅游景点。湖中有岛，岛中有洞，
景色奇特。

游回雁峰

2015 年 10 月 31 日

平沙落雁惧南飞，声断衡阳转翅回。

秋浦归鸿传喜讯，公园游客暖香醅。

临窗把盏层楼上，赏菊吟诗妙笔挥。

若得新欢三五句，春心偷笑镜中窥。

山水揽胜

45

秋游颐和园

2015 年 11 月 1 日

画廊十里一湖秋，伉俪相牵御苑游。

枫叶彤红楼阁隐，波光溢彩客帆稠。

皇家戏院京腔唱，村野诗坛丑妇羞。

身在和园疑幻境，流连忘返月临畴。

九江怀古

2015 年 11 月 3 日

身临巨坝听风雨，骇浪声惊旧战场。

点将台前旌帜乱，思贤桥畔棹声香。

浔阳楼隐缭仙雾，澎泽烟浮锁大江。

古往今来多少事，尽随流水远帆樯。

游漓江

2015 年 11 月 7 日

天然山水墨图融，倒影青峰迷雾中。

客涌游船争拍照，鹭凌浪谷习轻功。

一江诗意长廊画，万缕烟霞短竹丛。

天下风光阳朔美，神仙住所与人同。

金顶礼佛

2015 年 11 月 9 日

亘古峨眉耀大千，曾登金顶访神仙。

索车破晓飘然荡，禅寺鸣钟得意宣。

千仞云山腾瑞气，五洲香客叩灵签。

佛教圣地慈恩浩，身沐祥光岁月欢。

千食村游记

2015 年 11 月 11 日

观鸟闲游千食村，野蒿深处夕阳沉。

湖边敲句随鹅步，岸畔哼歌解气闷。

篙带禽声音乐妙，棚横秋色画图新。

幺姑称蛋收钱乐，闲客归来月下门。

注：深秋周末，三女婿开车送我们去东洞庭湖湿地观鸟，在钱粮湖六门闸处，见一"千食村"幡旗，迎风招展，问其故，主人曰：本村千口，他任村主任。我们买蛋数斤，归来记游。

观东湖公园第三十届菊展

2015 年 11 月 29 日

休闲闹市何方去？问路寻芳展会悠。

闷热难堪衣裤挽，冷香咋整画童愁。

穿流铁索摇桥过，待嫁花姑窥镜羞。

冬季南疆千色艳，诗敲菊韵伴春秋。

游贵阳花溪公园

2015 年 12 月 3 日

秋晨沐雾过湖堤，真水真山曲径迷。

丹鸟朝阳迎墨客，石桥倒影切诗题。

龟蛇对峙添奇色，麒凤追风驾翠霓。

谁在瑶池仙境走？悠然自得醉花溪。

注：龟蛇指龟山蛇山，麒凤指麒山凤山，石桥指百步桥。

游深圳湾

2015 年 12 月 19 日

长桥卧浪向苍穹，深圳湾边酌海风。

连体单车租借坐，穿梭轮板出行通。

岛中情侣留婚影，翼下微机隔岸功。

牵手家人闲适步，景观十里阔心胸。

注：上周末，彭忠政、贺勤耘、贺忠红从湖南到深圳，周日上午勤耕、
　　常红、潘兰、思文及我和老伴畅游了深圳湾，赋诗记乐。

游红树林生态公园

2015 年 12 月 30 日

红树林间花叶艳，沙滩十里棹讴晨。

高天暖日催冬景，前海和风扇早春。

湿地公园千鹤舞，栈桥绿道万人奔。

闲听浪奏新年曲，诗赛南疆步有痕。

注：猴年前夕，与香港米埔自然保护区一水相隔的福田红树林生态公园
正式对市民开放，深圳湾畔多了一颗生态明珠。赋诗咏怀。

春游桃花山

2016 年 2 月 21 日

春山饮露百花芳，夜醉东村咏月窗。

新句一笺须变雪，桃霞万叠袖添香。

游黄湖山

2016 年 3 月 5 日

黄湖山下走心游，烂漫春光醉眼眸。

油菜花开金灿灿，竹篁叶润绿油油。

向阳别墅高坡起，临水农庄曲径幽。

书院钟声催细步，乱峰缺处晚风柔。

注：前一天午休后绕黄湖山漫游半天，赋诗记乐。

咏宝峰湖

2016 年 3 月 9 日

千峰倒影碧湖沉，十里瑶池四季春。

一掬清泉当美酒，名山此处觅诗魂。

昔游鹰窝寨

2016 年 3 月 14 日

鹰窝高筑入云天，人隐深山只见烟。

松立悬崖离黑土，鸦飞壁岭伴孤猿。

奇峰怪石惊魂裂，野径青苔听雨眠。

庙外垂梯千丈落，淋漓冷汗软身还。

注：20 年前我曾和同事游宝峰湖后再登鹰窝寨，同事中途而返，我一人而上，后经观音庙前垂直铁梯步行而下时，两腿直打哆嗦，生怕一失足掉入万丈深渊，至今心有余悸。赋诗忆游。

再游桃花山生态园

2016 年 3 月 20 日

生态庄园洞壑幽，庙前溪水带花流。

桃红李白春光艳，波静潭清锦鲤游。

湖岛鸥眠闲胜客，竹山鸟会赛娇喉。

仙人住所香烟袅，月映斜阳返醉楼。

再游桃花山仙鹅寺

2016 年 4 月 10 日

翠竹桃林浥露芬，仙鹅古寺焕青春。

游人峭壁寻芳走，香客神堂求福臻。

和尚前行谈远景，老翁后步策苔痕。

半亭静坐听泉语，一览风光醉梦魂。

注：一年后再游仙鹅寺，感觉变化很大，怀逸法师陪我登上半山亭，
谈远景规划，讲佛学经典，其乐融融，赋诗记游。

游华一水库

2016 年 5 月 12 日

朝霞万丈碧云天，燕子摇空绿树间。

雨后登山寻捷径，溪前敲句步危巅。

坡边竹笋新芽嫩，湖岛沙鸥白梦甜。

闹市心烦郊外走，愿将诗兴寄林泉。

户外观光

2016 年 6 月 11 日

随心所欲自由行，户外观光共响应。

转看宜昌三峡景，直奔中堡小山亭。

茫茫烟水追帆影，点点楼船载月星。

如画江山新韵绕，青峰万叠揽诗情。

按：端午假期最后一天，我们来了一场说走就走的旅行。先到刘大夏文化园参观，后驱车去石首。途中三女庆红建议去看三峡大坝，高考后的外孙彭宇轩高兴，我和老伴也支持，尽管已是上午 11 点，三女婿彭忠政还是欣然转向驱车往宜昌三峡大坝，我们登上中堡岛观景台及平湖观景亭，返回时已是晚上 10 点。赋诗记乐。

闲步状元湖湿地公园

2017 年 2 月 17 日

雨水节来花气氛，春风拂面柳丝迎。

教科苑里车忙碌，清水村旁土聚屯。

浩大工程前景美，三年规划画图真。

状元湖畔银波荡，生意盎然绿影春。

华容石伏山观梅

2017 年 2 月 18 日

梅逢雨水气高昂，百亩鲜花百里香。

偶约文朋芳径走，同登石伏树林藏。

红情绿意诗粘步，野岭青峰句扮妆。

满袖清芬挥不去，心牵韵到白云乡。

桃花山仙人洞

2017 年 3 月 25 日

洞外琼楼草木深，庄园叶嫩浥清芬。

桃花见客羞红脸，杨柳思春欲近身。

竹影莺歌呼雅士，山溪水笑迓诗人。

云蒸霞蔚凡心静，阆苑仙葩醉梦魂。

注：下午阳光明媚。我和陈向平、贺勤耕及向平的姐妹自驾出游到桃花
山生态庄园。这里游人如织，春光艳丽，赋诗写怀。

欲将诗韵伴茶香

2017 年 3 月 28 日

师生同乐胜峰乡，千亩仙芽色嫩黄。

丽日和风吹绿野，霞光瑞彩满山冈。

采来碧玉沾灵气，焙得佳茗带露芳。

此景此情堪入画，欲将诗韵伴茶香。

注：下午，我随华容一中高 1509、1510 班学生和竺传福、贺庆红、付维洪、卿立新等老师到胜峰茶场采茶，赋诗记乐。

花海偷拍

2017 年 3 月 11 日

平原一望泛金光，油菜丛中靓女藏。

红袖添香春色醉，情融花海韵含芳。

注：于君山良心堡金色花海景点观油菜花，偷拍花中女郎记趣。

花海偷香

2017 年 3 月 12 日

晴日寻芳雅兴长，菜花地里赏风光。

知谁躲在金枝下，欲沐春姑一阵香。

题万泉河

2017 年 3 月 14 日

万瀑流泉椰树丛，春晖照影水连空。

小舟一叶清波远，浪逐天涯放鹤童。

注：王凤仙发来游万泉河小照，赋诗记趣。

山水揽胜

57

题贺思文游漓江图

2017 年 4 月 3 日

快乐开心在仲春，漓江静影写童真。

天然山水无常属，谁得清闲是主人。

游桃花山

2017 年 4 月 13 日

松林竹海浥清芬，山水相依画影沉。

亲近自然追夙梦，远离闹市觅芳魂。

青春作伴顽童悦，白首狂歌皓腕斟。

偷得清闲听鸟语，桃花岁岁醉诗人。

注：下午随华容一中高 1508 班学生出游桃花山，同去的还有毛高飞、张贵华、
贺庆红老师，受班主任毛老师之托，赋诗留念。

春日寻芳

2017 年 2 月 19 日

春日寻芳石伏村，山湾红蕊聚诗人。
东风拂面花添笑，闲客归来月照门。

月夜垂钓

2016 年 5 月 29 日

投石波中试水深，江边静坐学垂纶。
得鱼鹭胜撑竿客，临水花羞钓月人。

游井冈山

2016 年 5 月 16 日

井冈峻岭好风光，游客归来袖带香。
五指奇峰诗韵景，龙潭飞瀑画廊窗。
黄洋炮火硝烟散，战地英雄业绩彰。
继往开来兴大业，红旗高举谱华章。

临江仙·游庐山

2015 年 10 月 28 日

结伴登高凭眺，匡庐迷雾飘飘，远山禅寺紫烟摇。
蓬莱香客湧，仙岛酒旗招。

举棹鄱阳湖口，风生水起银涛。游人画里乐逍遥。
前川观瀑布，步李白诗骚。

鹏城端午吟

2017 年 5 月 30 日

鹏城端午艳阳天，闲步蓝湾半岛前。

海岸线长红树守，沙滩边热白鸥旋。

清湖碧水能消暑，栈道凉亭可坐禅。

日暮熏风催客路，诗情荡漾彩云间。

注：前一天傍晚游红树林生态公园，闲吟记乐。

空中漫步

2017 年 5 月 21 日

空中漫步观风景，城市森林绿影深。

童客穿梭欢乐谷，洋人来往地球村。

燕晗山上红花艳，深圳湾前野鸟昏。

大漠传奇飞战马，鹏城新貌壮诗魂。

注：前一天下午，大女勤耕陪我们游燕晗山。在华侨城生态广场处
坐空中漫步单轨游乐车看鹏城美景，经欢乐谷、世界之窗、民
俗文化村、锦绣中华等多个景点和演出场地，别有一番滋味。
赋诗记游。

山水揽胜

凤凰诗稿（共十八首）

夜看《边城》

2017 年 4 月 15 日

坐在森林看夜场，真山真水醉时光。

拉拉渡口爷孙狗，翠翠心关兄弟郎。

一世情缘歌不尽，半船烟雨梦尤长。

边城故事千秋颂，客隐凤凰诗韵香。

注：老伴生日临近，子女安排我们去凤凰旅游。陪同我们的有二女贺勤耘，婿佘长春；三女贺庆红，婿彭忠政；四女贺忠红。夜看实景剧《边城》，赋打油诗记游。

走过虹桥

2017 年 4 月 16 日

虹筑江桥风雨收，凤凰故事说千秋。

迴龙古巷人潮涌，去水空山月色流。

坐览烟霞编彩练，行将日夕活龙头。

镇篁才子名声望，引得八方闲客游。

沱水泛舟

2017 年 4 月 17 日

舟载山歌乘兴游，群峰翠色水中浮。

一篙撑破闲云影，半月睁开醉意眸。

两岸苗姑笙伴舞，三桥疏柳墨妆图。

虹霓泼彩穿流过，品读江边吊脚楼。

客宿沱江

2017 年 4 月 17 日

戏演《边城》在凤凰，散场客涌览沱江。

南华门下城墙走，皓月窗前山水藏。

溢彩流霞灯火闪，多情细雨酒花香。

繁忙夜市人头乱，浪漫星空春梦长。

注：大型实景剧《边城》第 534 场在天下凤凰宾馆森林公园演出。
散场后打不到车，我们只好步行回宾馆。入住时已过午夜，赋
诗记游。

品吊脚楼

2017 年 4 月 17 日

独特民居吊脚楼，经霜历雪近千秋。

一弯碧水云端泼，两岸春光花底流。

风雨飘摇房欲坠，烟霞荡漾月含羞。

悬空半落堪称绝，苗寨笙歌醉韵悠。

游沈从文故居

2017 年 4 月 18 日

走马观花过沈园，心怀敬意仰前贤。

沧桑历尽斜阳醉，风雨归来沱畔牵。

笔墨有情寻旧梦，青山不老写新篇。

边城故事传中外，济世文章耀大千。

游熊希龄故居

2017 年 4 月 18 日

熊家进士是希龄，边楚蛮荒负盛名。

八斗才高当总理，三湘志远定民情。

维新变法风云路，抗日救亡龙虎营。

卓著功勋书史册，光辉业绩国人评。

心醉边城万寿宫

2017 年 4 月 19 日

云雾奔腾殿阁重，凌空矗立向苍穹。

翠山秀水灵光聚，冷月清风瑞气融。

面瞰沱江餐夜露，身临仙境想花容。

凤凰苗域遐思久，心醉边城万寿宫。

游崇德堂

2017 年 4 月 20 日

春阳灿灿照沱江，风采依然崇德堂。
进士匾牌金字闪，贡元书案墨花香。
苗姑轻舞红油伞，雅客闲吟紫木窗。
古院豪华铺玉路，凤凰首富美名扬。

游陈宝箴老宅

2017 年 4 月 21 日

仰望星空读宝箴，百年旧宅焕青春。
楼台郁郁诗文重，院落溶溶墨影沉。
馆内珍藏稀世物，窗前感慨老年身。
一门四代非闲辈，都是声名显赫人。

游东门城楼

2017 年 4 月 22 日

登上东门望大江，依山傍水筑城防。
飞檐翘角庄严貌，红石砌墙坚固窗。
雨打风吹摇不动，龙吟虎啸落还昌。
忠于职守巍然立，欲驾云霞负凤凰。

游凤凰杨家祠堂

2017 年 4 月 22 日

城墙边上建祠堂，门向斜开风水藏。
尊祖敬宗陈俎豆，光前裕后献馨香。
楼台出演忠贞戏，冷月悲吟守节床。
忠烈千秋钦有胆，英雄一世镇边疆。

苗家餐饮

2017 年 4 月 23 日

苗寨人家就晚餐，小河流水夕阳残。

山歌和棹清音脆，暮色伴霞瘦月寒。

异域风情收眼底，他乡春梦醉心田。

野芹地耳童年味，自在逍遥笑鹤颜。

两过矮寨桥

2017 年 4 月 24 日

峡谷空鸣风自号，长梁悬吊铁肩挑。

驱车两度云端过，放眼千山雾里飘。

绝世工程中国梦，惊天事业小康桥。

游人欲去观光点，设卡收钱叹价高。

注：湘西吉首矮寨大桥主跨 1176 米，高 355 米，宽 24.5 米。该桥是目前世界第一跨峡谷悬索桥，观光票价 168 元。我们一行自驾从凤凰奔常德，欲过矮寨大桥后去观光点，无奈时间紧迫，票价过高觉得不值，无功而返，赋诗感叹。

仰万名塔

2017 年 4 月 24 日

文光射斗耀沱江，碧水清流塔影长。

翰墨添香传百世，丹青入卷画长廊。

群峰抱郭烟霞锁，明月生辉细柳黄。

一塔临川剑气在，星辰灿烂万名扬。

注：该塔位于沱江沙湾北岸，原是集中烧字纸的所在，三层，已毁。20
世纪 80 年代黄永玉召集当地人募捐重修为七层，因捐资者甚众，
故名为万名塔。

咏凤凰南华山

2017 年 4 月 25 日

凤凰城上凤凰游，叠翠南华满目收。

古木森森烟雨重，清泉冽冽水云悠。

乘风栈道相牵手，得月楼台共白头。

山寺层钟声隐隐，神仙眷侣几回眸。

题奇梁洞

2017 年 4 月 26 日

洞内有山山有洞，凤凰胜景在城乡。
险滩峡谷龙宫殿，村落田园古战场。
雨洗荷花禅意境，泉飞瀑布水文章。
奇梁看罢谁观洞？世外桃源梦最香。

注：奇梁洞位于凤凰古城北奇梁桥乡，距古城 4 公里，素有"奇梁归来
不看洞"之说。

乐走跳岩桥

2017 年 4 月 28 日

沱江鱼跃柳含烟，溪水潺潺石缝穿。
情侣风流牵玉臂，苗姑春醉戴花环。
濛濛薄雾娇娇貌，灼灼红霞翠翠山。
远客河心岩上跳，欲将泉雨润诗田。

西安记游（共十五首）

岳阳高铁到西安

2016 年 4 月 25 日

岳阳高铁到西安，沿路风光扑画帘。

车过洞庭重雾绕，身临赤壁万丝牵。

江南早稻秧抛土，岭北麦苗芒绿田。

茶杯热酒余温在，肠润春诗韵更甜。

关中小吃口留香

2016 年 5 月 1 日

长安考古好荣光，美味佳肴访店堂。

儿友接风宾馆请，乾州食府厨房忙。

锅盔醋粉棒棒面，哨子凉皮胡辣汤。

大汗淋漓酸爽爽，关中小吃口留香。

注：4 月 25 日，我和老伴喻再英、亲家赵湘秀、二女勤耘去西安旅游，
儿子常红的同事钱琨、小董为我们在乾州食府接风洗尘，尽享
美食。赋诗记乐，兼谢钱琨和小董。

游大雁塔

2016 年 4 月 25 日

雁塔闲游酒复斟，广场灯影夜连晨。
玄奘心海谁知晓？进士仙乡柱刻痕。
历史千秋留胜迹，江山万代照金云。
曾来此处题名客，都是春风得意人。

曲江夜游

2016 年 4 月 26 日

霓虹溢彩接红楼，倒影池中王气浮。
情满曲江春意美，未曾及第也风流。

无字碑

2016 年 4 月 28 日

帝后陵园无字碑，千年矗立任风吹。
是非功过人评说，一代女皇还有谁？

游乾陵

2016 年 4 月 28 日

梁山高处览风光，帝墓乾陵霸气昂。

司马道中观直阁，女皇石下仰大唐。

千秋功业评谁说，无字碑文论短长。

人去坟荒飞鸟在，松柏成荫已改妆。

注：武则天墓即乾陵，指唐高宗李治与女皇武则天的合葬墓，位于
　　咸阳乾县。直阁指翁仲的石像。

法门寺

2016 年 4 月 27 日

舍利西来御寺藏，法门千古耀神光。

地宫几处存珍宝，塔庙多方敬佛香。

真骨真身陈玉盒，圣衣圣物沐朝阳，

全球游客空前盛，万国高僧叩我邦。

注：法门寺位于陕西扶风县，被誉为关中塔庙之祖。1700 年前佛祖真身
　　舍利穿越大漠高山安放于该寺，此寺被誉为唐朝皇家寺院。在幽暗
　　的地下度过了 20 年漫长岁月后，2499 件大唐珍宝簇拥着佛祖的真
　　身舍利重返人间，被誉为世界第九大奇迹。

游秦陵

2016 年 4 月 29 日

秦始皇王重寝陵，骊山渭水筑宫庭。

金禽玉兽陪灵塚，兵俑马车护墓茔。

横扫他邦雄阵在，一平四海万方应。

中华民族多荣耀，天下奇观列八名。

注：秦陵位于西安临潼骊山之阿，规模宏伟，其出土的兵马俑被誉为世
　　界第八大奇迹。

骊山沐浴

2016 年 4 月 27 日

为润春心出远门，华清宫里洗风尘。

御汤沐浴精神爽，醉咏新诗慰梦魂。

观《长恨歌》

2016 年 4 月 27 日

两情相悦笑声和，恃宠而骄涉爱河。

侍宴承欢陪暖帐，御寒赐浴戏池荷。

霓裳舞曲烟惊梦，城阙飞尘雨打柯。

兵变马嵬生死别，绵绵此恨万年歌。

注：华清宫每晚有大型实景历史舞剧《长恨歌》演出。

游茂陵

2016 年 4 月 30 日

秦岭平川数抹霞，茂陵春色醉芳华。

远瞻封土蒸云雾，近看编钟吐韵花。

青史文章歌汉武，祁连墓冢颂兵家。

方锥金字堪称绝，地殿稀珍无际涯。

注：茂陵位于陕西咸阳，是汉武帝刘彻之陵墓。李夫人葬茂陵西北侧，陪葬墓还有卫青、霍去病、霍光等人的二十多座墓，这些人都是武帝朝中勋臣贵戚。

游骊山华清宫

2016 年 5 月 1 日

曲院迴廊花柳棻，满怀诗兴看斜曛。

霓裳舞榭今犹在，伊抱琵琶追彩云。

摇步曲江

2016 年 5 月 5 日

槐树花香气袭人，明皇栈道送残春。

酒醺醉意诗情荡，摇步江边进士尘。

秦川访古

2016 年 5 月 8 日

车沐朝阳秦岭过，花含宿露柳含烟。

四方游客来相会，一路歌声笑语欢。

汉韵唐风千载拂，江山故事万年传。

皇陵御寺寻遗迹，访古一行诗满篇。

夜游曲江

2017 年 4 月 10 日

一江灯火映黄昏，雾隐霞光暮色沉。

莺啭绿窗闲望月，蜂鸣槐树吻芳魂。

村翁漫步明皇道，骚客流连进士尘。

戏说贵妃情恨史，皇都春梦醉诗人。

注:翻开去年4—5月在曲江明皇栈道处的留影,浮想联翩,赋诗忆乐。

游丽江玉龙雪山

2013 年 7 月 9 日

玉龙山上尝冬景，仙客云端舞鹤俦。

四面奇峰谁敢走？一身寒气我能留。

冰川有雪千秋伴，水墨无痕万古流。

游罢丽江诗兴起，魂牵古镇几笺酬。

贵州天河潭水旱溶洞奇观

2013 年 7 月 9 日

飞车黔岭览天河，游客洞中听棹歌。

小艇仙池装鹤影，蟾宫玉树采珠颗。

千年风雨惊涛涌，万里关山胜景和。

探秘龙潭幽径走，人间天上两登科。

山水揽胜

游筑城花溪国家湿地公园

2013 年 6 月 30 日

十里河滩十里花，一溪碧浪涌烟霞。

水乡流韵吟诗稿，鹭羽凌波争蚌虾。

日照青山苗木茂，月寒嫩叶冷光华。

炎炎夏日何方爽？湿地公园分外佳。

游洱海苍山

2013 年 7 月 11 日

洱海游船疾似梭，三篙撑破万重波。

风花雪月舟中载，春夏秋冬诗垅播。

莽莽苍山留笑影，清清蝶井会娇娥。

南诏古郡多新貌，兴尽灵笺纸一箩。

夜上海

2014 年 5 月 5 日

十里洋滩十里虹，身临灯景梦魂中。

外滩漫步秋风爽，杨浦酣游白浪汹。

阅尽沧桑故事美，流连夜色旧仇重。

遐思历史心潮逐，不老江山日出东。

注：2006 年 9 月，为组织华容一中 60 周年校庆，我与易三祥同志去上
海联络校友。上海校友会会长焦育良和胡建文带我们到上海市灯光
控制中心欣赏夜景，并拍照留念，今观旧照片，赋诗记趣。

游西湖

2014 年 4 月 21 日

秀美西湖浪漫游，人文故事笔端收。

断桥神会仙蛇女，岳庙怒敲奸贼头。

灵隐钟鸣宣活佛，柳堤燕语叹苏妞。

杭州花月千年艳，今古传奇甜梦留。

注：苏妞指钱塘名妓苏小小。

苏州印象

2014 年 7 月 3 日

泛黄影册细端详，昔日游情似酒香。
拙政园中玩石韵，寒山寺外读诗墙。
小桥流水悠然过，沧浪听琴喜欲狂。
丝竹声声频入梦，苏州自古赛天堂。

游蓬莱阁

2014 年 7 月 4 日

丹崖仙境玉招牌，步入蓬莱眼界开。
海市蜃楼观幻景，天涯白水骇城垓。
八仙过海神通显，百姓擒倭故事来。
人在画中留笑影，心潮逐浪久萦怀。

共醉良宵橘子洲

2014 年 10 月 6 日

枫叶彤红秋韵悠，同窗学子笑声柔。

麓山倩影随波舞，领袖英姿伴客留。

里约烛光诗不舍，湘江灯景酒应酬。

杯杯盏盏情难尽，共醉良宵橘子洲。

注：里约句，指橘子洲公园巴西里约特色烧烤店里，诗情浪漫的长桌烛光晚宴。

游黄果树瀑布

2013 年 7 月

黄果树中闻鹤笙，水帘洞内访猴僧。

潭边野径踵游客，天上人间品籁声。

玉碎雪崩惊浪吼，瀑流涛涌滚雷扔。

散花不用弓来抖，织锦无梭绢自成。

山水揽胜

游丽江束河古镇

2013 年 8 月 18 日

一泓碧水润奇葩，四面青山聚紫霞。

三圣观宫禅溢韵，龙潭九鼎浪淘沙。

束河览景敲诗律，石径听泉品月华。

天爽丽江游客涌，心牵胜境笔生花。

注：龙潭九鼎即三圣宫前的九鼎龙潭。

满江红·游三峡

2014 年 4 月 17 日

沐雾披风，登船处，群情激越。抬望眼，长江天险，几多奇绝。悬壁狼嚎声入耳，瞿塘浪吼魂出穴。顺流下，弹子山水缓，平湖月。

龙王庙，诸葛碣，丰都鬼，巫山妾，一路峡关闯，遐思更烈。千古人文故事美，百川江水埧拦截。忘归程，暮鼓响三更，依依别。

桂林遇龙河记趣

2014 年 4 月 28 日

竹排载客逐波流，浪荡秋情学鸟讴。

亮嗓对歌头句起，清音和拍曲声悠。

河边三姐争留影，岸畔红颜送绣球。

梦问那天桃色妹，定情何日结鸳俦？

注：大约是 2010 年秋，我和华容一中的退休教工去桂林旅游，在遇龙河乘竹排。我亮嗓唱了《刘三姐》中的对歌，另一竹排上一身着少数民族服装的导游应声与我对唱。游到河边，那位红颜拉我合影（合影要收 10 元），并送定情绣球一个。惹得同伴哈哈大笑，今见绣球，赋诗记趣。

大理风花雪月·读斯尔然散文后吟

2014 年 4 月 1 日

大理风花雪月评，人文故事远播名。

风生三月下关口，花艳千年茶树精。

雪裹苍山素被美，月融洱海玉波清。

劝君亲览苍山雪，莫负金花风月情。

注：风，指下关风，下关是大理州府，位于山谷中的大椆口，每年三月为风季，风特别大。花，指上关的山茶花。史载树高六丈，其质似桂，色白，花开十二瓣，应十二月。闰年多一瓣。千年繁殖，轮回相传。雪，指苍山雪。苍山莽莽，南北长 42 公里，有 19 峰，18 溪。山上常年积雪，银装素裹，十分壮观。月，指洱海月，洱海清澈如镜，每当皓月升空，苍山银峰粼粼闪烁，银光月色交相辉映，渔姑泛舟，其趣无比。金花是白族姑娘的别称，故事动人，当年《五朵金花》的电影就是在苍山洱海拍摄的。

游岳麓书院

2014 年 6 月 17 日

岳麓畅游竹径开，千回百转到书斋。
朱张会晤中和辩，舆马饮吞池水衰。
社会精英何处出？湖湘文化浪潮来。
中华书院于斯盛，放眼江山赖楚材。

峨眉灵猴

2014 年 6 月 25 日

飞瀑流泉月照秋，峨眉圣境出灵猴。
三更古刹敲钟乐，五鼓神坛偷果游。
日向众生争美食，夜攀千仞觅朋俦。
人猿共敬仙山佛，万物和谐禅韵悠。

钱塘观潮

2014 年 8 月 30 日

排山倒海大潮掀，挟石和沙扑岸边。
鼠窜狼奔游客跑，风吹浪打险情潜。
人生宛若钱塘水，命运恰如蟾月天。
把握时机知进退，江河起伏自安然。

海南行

2014 年 9 月 2 日

美丽沙滩细软柔，天涯海角旧曾游。
南天一柱留人影，东海千重抚鹿头。
梦笑悟空筋斗法，遐思敖广水云秋。
春天故事如潮涌，椰岛新章韵更悠。

游长城

2014 年 8 月 26 日

健步长城记忆新，陈年往事梦中吟。

秋高气爽军车送，谊厚情深学子殷。

八达岭中留醉影，孟姜石上望行云。

江山万里风光秀，边境安宁惠庶民。

题大三巴影照

2014 年 12 月 21 日

澳门标志大三巴，沧海桑田雨后霞。

团客流云阶上涌，老翁笑影镜中夸。

濠江水暖青春美，丽日莲开别样华。

七子之歌哀调唱，心怀祖国一枝花。

夜游海河

2017 年 6 月 15 日

海河有约夜间游，快艇穿桥览外楼。

两岸霓灯光绚烂，一江皓月色横流。

沧桑历史留陈迹，浪漫清波照醉眸。

天上人间奇幻景，繁华世界笑声悠。

注：前一天三女庆红带我和老伴来了一场说走就走的旅行。从华容到了
天津。天津腾达的刘庆军老总、王欣女士接站后请我们就餐。晚上
又请我们到海河乘游艇观天津的独特夜景。陪同的还有外孙彭宇轩。
赋诗记乐，兼谢刘总和王女士。

游北戴河

2017 年 6 月 16 日

海天一色水无涯，北戴河边踏浪花。

鹰石亭台观日影，鸽山书阁读皇家。

秦王问道长生术，主席吟词万载夸。

远客追诗千里外，清风醉梦夕阳霞。

注：今日从天津到秦皇岛，午休后外孙佘建树带我们游北戴河，赋诗记乐。

游山海关

2017 年 6 月 17 日

万里长城第一关，京畿重镇系平安。

龙头锁钥无双地，豹帐谈兵绝世坛。

健步登高星可摘，回眸揽胜月能餐。

风云变幻留残迹，不老江山入韵笺。

夜醉北京城

2017 年 6 月 17 日

北京城内兜风转，妻女心欢绽泪花。

十里长安灯火亮，千年紫禁市声哗。

清华月色三更醉，曲院荷香数抹霞。

博士驱车南北跑，合留笑影在京华。

注：我们一行从秦皇岛乘高铁到北京。学生乐谓清得知我们来北京，提前为我们订好了房间。餐后北大的博士后白真龙和其姐白洁受清华大学白征东教授之托，真情邀我们夜游北京城，赋诗记乐。兼谢众友。

游圆明园遗址

2017 年 6 月 18 日

残垣断壁诉沧桑，步履沉沉欲裂肠。

八国联军烧掠抢，万园遗址废荒凉。

清廷腐败遭横祸，社稷安危系栋梁。

有志男儿应奋起，不教外敌逞疯狂。

注：今天华容一中北京校友蔡梓华陪我们游圆明园。赋诗记怀。

游天津民园

2017 年 6 月 15 日

欧陆风情博览园，马车游走四周穿。

张家少帅藏娇府，洋院闲花对月轩。

瓷屋辉煌金碧灿，玉楼寂寞露台寒。

五大道中思绪乱，不屈津门别有天。

注：民园中有一瓷房子与张学良故居相对，房子用青花陶瓷建成，共三层，
十分奢华。其与法国巴黎罗浮宫齐名，值得一看。

游水立方

2017 年 6 月 19 日

侨胞捐款热心肠，点滴凝成水立方。

钢架相连山岳稳，碧波一色浪花香。

英东泳馆场边看，小将称王梦里狂。

嬉水乐园人影杂，频频回望湛蓝光。

注：水立方耗资近 11 亿元人民币，侨胞捐资近 10 亿。

咏水上长城

2017 年 6 月 26 日

渺渺云烟笼白浪，朦朦月色锁营盘。

河门九道要关险，江海千重别梦寒。

中外交锋留轶事，古今浴血守河山。

自然遗产风光异，水上长城另样天。

注：九门口长城在葫芦岛市，距山海关十几公里，是历代兵家必争之地。
此处长城十分奇特，水中有城，城中有水。被列为世界文化遗产保
护单位。

游丽江蓝月谷

2014 年 9 月 13 日

蓝月湖边泼黛浓，流泉飞瀑墨图中。
瑶池景美群仙聚，岸畔花红万客崇。
矿物和波颜色异，云霞绕阁碧光融。
诗情画意游人醉，天下奇观在玉龙。

自题北戴河游照

2017 年 7 月 25 日

秦皇岛上有因缘，北戴河吟六月天。
肩背行囊无杂物，诗题笑影若神仙。

雪山采诗

2017 年 9 月 2 日

云端栈道揽霓霞，满眼风光满眼花。

诗债成愁寻解药，灵根原在冻冰崖。

注：观和三外孙彭宇轩游玉龙雪山冰川的合影偶成。

秋分游南县罗文花海闲赋

2017 年 9 月 23 日

罗文花海度秋分，陇亩穿行汗湿身。

墙面涂鸦争创意，田间摘句觅香魂。

休闲马坐游人乐，辗转风吟落叶昏。

妻女走心寻妙趣，空留笑影在他村。

注：南县罗文花海涂鸦村观光旅游项目规划宏伟，正在建设中。赋
诗记游。

游望城靖港古镇

2017 年 11 月 1 日

茌苒秋光郊外行，西风吹送片帆轻。

江南墨画浮灵气，靖港新妆牵古情。

沩水入湘三角地，军船靠岸大兵营。

曾公战舰雄风在，历史留痕千古评。

游禹山五谷坳

2017 年 12 月 9 日

六出飞花稀世客，严寒季节暖阳天。

登高遥望东湖水，怀古相思大禹山。

寺庙千年冬夏月，丘田万顷米粮川。

坳中五谷清甜味，篝火燃烧笑语欢。

注：周末随华容一中教工游禹山五谷坳夏家村，晚上有篝火晚会，赋诗
记乐。

游桃花山华一水库

2018 年元旦

元旦偕妻信步游，农村景色养明眸。

群峰远眺观桃岭，情侣相牵坐钓舟。

渴饮田家生态酒，闲吟水库自由鸥。

文求禅意参三昧，我切诗题咏九州。

园博园观花展

2018 年 2 月 27 日

园博凤凰抬起头，迎春花展几回眸。

茶梅绽放成新宠，柳眼睁开惹旧愁。

闹市求前人影乱，园林步后韵声悠。

玫瑰一捧心相许，诗梦飞飞四海游。

游红树林生态公园得句

2018 年 2 月 11 日

南国和风剪早春，锦鳞戏水迓闲人。
满怀雅兴湖边走，偷学莺声叶下侦。
红树邀来鸥鸟聚，玉兰约会白云深。
初开柳眼观天象，诗梦逍遥本色真。

立夏游七女峰

2018 年 5 月 5 日

策杖攀登步印痕，初临胜境幻中真。
群山叠翠斜阳灿，库水澄清竹木森。
七女峰观天地景，一笺诗唱古今人。
民间故事声声泪，风卷残花怨意深。

穿过秦人洞

2018 年 6 月 18 日

秦人古洞出霞烟，雾绕云蒸接九天。
曲径迴廊阶石落，清溪泻瀑燕儿翩。
遇仙桥上观棋局，方竹亭间问哲贤。
三日同辉光景异，桃花源里自安然。

注：今日是端午，和家人游桃花源，得感而作。

游秦溪

2018 年 6 月 18 日

秦谷溪流奏牧歌，桃源自是小山河。
寰楼听曲箫声慢，谷殿祭神香火多。
秀水青山留笑影，红花绿柳映清波。
飘香粽糯年成好，女织男耕息战戈。

故园春梦

春风吹暖故园情

2017 年 2 月 16 日

长堤漫步月光迎，柳影翻江白浪晶。

隔岸飞来桑梓曲，春风吹暖故园情。

魂牵梦绕儿时地，词咏诗抄小草坪。

最是乡关青竹岭，相思夜夜到天明。

中秋寄情

2015 年 9 月 27 日

中秋把盏小河边，游子归来望玉盘。

愿许桂花圆月夜，万千风雅伴华年。

黄湖山垦荒

2015 年 10 月 13 日

锄舞青山绘画廊，闲来无事垦秋荒。

黄湖翠竹婆娑影，催吐诗情满月窗。

华灯初上黄湖山

2015 年 10 月 22 日

华灯初上点霓虹，月色朦胧夜雾重。
钟韵悠悠浮影静，烛光熠熠瑞烟笼。
园丁苗圃勤浇灌，学子书山苦习攻。
敢遣春风催李白，乐将甘露润桃红。

注：华容一中灯光改造工程竣工，赋诗咏怀。

种菜乐

2015 年 10 月 23 日

时令园蔬借土栽，空坪隙地巧安排。
黄瓜豆角茼蒿韭，莴笋香葱大蒜苔。
秀色可餐肠胃饱，辣椒鲜嫩酒杯来。
妻为苗绿舒筋骨，翁喜诗泉涌咏怀。

咏黄湖山源池

2015 年 10 月 29 日

滟潋波光一鉴开，泉涵山色涌霜台。

池鱼贪食吞钩起，宿鸟惊风展翅徊。

烟雾一蓑鳞满篓，霓虹几盏句牵怀。

诗翁醉钓塘中月，韵有源头活水来。

注：黄湖山南旧有两口活水井，可供几百人饮用。后在井下修塘蓄水。
　　今年学校将塘修葺一新，取名源池，并养池鱼供退休人员垂钓，特
　　赋诗咏怀。

一剪梅·红梅词

2015 年 11 月 5 日

铁骨芳心谁与骄？北院冰凌，万木萧条。百花开罢
我登场，独驭春风，步醉声悄。

千里归家热诗骚，梅字为题，词韵推敲，搜肠刮肚
月临梢。添了银霜，香了寒袍。

桃李风华七十秋

2015 年 12 月 24 日

桃李风华七十秋，黄湖不老水长流。

他乡幻现源池影，故里萦怀旧木楼。

书院百年文脉重，沱江咫尺梦魂悠。

争为母校添光彩，莫让青丝笑白头。

注：2016 年 10 月初为华容一中 70 周年校庆。

乡愁

2016 年 2 月 12 日

乡愁难解绪如麻，回味绵长若酒茶。

游走他方怀故里，奔驰老屋访邻家。

常思竹岭麻花瓣，时忆荒山开档娃。

桑梓浓情清韵美，魂牵梦绕在天涯。

沱畔踏青

2016 年 3 月 16 日

日隐西山夜幕沉，霓灯溢彩映红尘。
高楼倒影添奇色，野草飞花吐异芬。
鹭怯寒风寻静港，柳摇春梦欲依人。
酒醺漫步长堤外，沱畔踏青销醉魂。

初夏沱畔即景

2016 年 5 月 17 日

春花谢了夏花妍，扶醉归来沱水边。
荷叶池塘摇绿韵，石榴庭院映霞烟。
凉风轻送江波动，孤月晴翻嫩柳翩。
步丈河堤三十里，枕边诗集又添篇。

乡情

2016 年 5 月 24 日

车过故乡萦旧怀，诸多童趣眼前来。
当年那个麻花辫，人隐竹园猜几排？

点赞华容

2016 年 6 月 14 日

哪方水土生人杰？自古华容俊彦佳。
明代状元冠岳郡，尚书墓冢在章华。
全球名校多乡友，各界才贤半梓家。
闯荡江湖怀祖籍，尽为故里插红花。

注：历史上岳阳市第一个状元是明朝华容的黎淳，此外华容还出了兵部
尚书刘大夏、工部尚书毛永震等历史名臣。

春节走乡村

2017 年 2 月 3 日

鸡岁迎来万象春，走亲串户到乡村。
金光大道家门近，欧式洋楼绿影深。
流转农田民受益，飞驰宝马梦归真。
沿途都是新鲜景，几遇新婚得意人。

土地酒

2017 年 2 月 26 日

土地公公寿旦忙，那边请酒这边尝。
旧邻互约同行礼，故友相邀共返乡。
闾里清平歌盛世，村场鼓乐奏新章。
神仙也爱人吹捧，不向天庭说短长。

初夏黄湖之夜

2017 年 4 月 5 日

刚过清明绿影筛，浅塘冒出玉簪钗。

黄湖夏信尖荷报，沱水东风细柳裁。

布谷声声农事紧，春更隐隐彩笺开。

心花更比春花艳，月色撩人入咏怀。

上津湖渡口

2017 年 4 月 7 日

故地重游岁月牵，小舟一叶过滩前。

津南渡口清波镜，照了童颜照鹤颜。

塌西湖记忆（共九首）

传说

2016 年 6 月 22 日

万顷良田五谷仓，青山绿水富饶乡。

龙王选婿沟西地，小女安家湘北场。

二嫂刁钻遭惩罚，大娘贤惠得平康。

民间传说千年久，美丽西湖碧浪扬。

注：千年前的湘鄂边界南边，物产丰富。龙王将小女嫁给沟西王三，初来十分受宠。后二嫂惹是生非，让小龙女受虐，大嫂暗地相帮。龙王后发兵水漫沟西，小龙女变小狗衔梳引大嫂到周家圻高地而得救。周家圻四周顷刻沉塌，一片汪洋。这就是塌西湖的由来。

童 年

2016 年 6 月 1 日

无忧无虑是童年，放学途中别有天。

男女相邀湖畔走，群朋追逐竹山穿。

采菱割草抠鲜藕，戏水摸鱼放纸鸢。

欢乐时光回不去，魂牵梦到老家园。

注：今日是儿童节，勾起我在塌西湖童年的回忆，赋诗记怀。

趣 事

2016 年 6 月 16 日

塌西湖浩接蓝天，洪水滔滔到屋边。

院外农田淹没影，门前道路可湾船。

才鱼护卵听波动，童手摸窝咬指残。

冷汗一身魂出窍，少年趣事梦中欢。

注：1954 年涨大水，塌西湖水面达最大值。我家门口有一窝才鱼卵，
我用小手去撮，凶猛的才鱼突然咬住了我的手，当我缩手过水面时
它才松口逃跑，当时我四个手指留下了带血的齿痕。今见南方大水，
忆及此事，赋诗记趣。

放 响

2016 年 6 月 17 日

春风化雨满西湖，临水捕捞方法殊。

白日挖沟连大港，夜间放响乐童孺。

浪声引诱游鱼跃，堵口拦流动影浮。

乱蹦鲇鲢溜网袋，快拿竹担隔湾呼。

注：儿时住塌西湖北岸，春天雨后挖沟放响捕鱼最是有趣。有一次我和
堂兄捕得一缸鲇鱼，当时装鱼的工具带少了，后喊家人送箩筐扁担。
半个多世纪过去了，此事仍记忆犹新。"放响"是我们儿时捕鱼的方法。

夹鳝

2016 年 6 月 18 日

塌西湖畔笑谈多，夏夜禾间荡月波。

人走田塍灯照水，肩扛竹夹手提箩。

流光点点星铺路，热气腾腾鳝出窝。

隔壁阿婆夸篓重，自燃草把去巡逻。

注：少年时在塌西湖畔，晚上不用下水，在田埂上便能夹到稻田里的鳝
　　鱼。一次隔壁白家婆见我捉了一篓鳝鱼，以为田埂上就有，便燃了
　　几个做饭的草把在田埂上跑来跑去，结果一无所获。每谈及此事，
　　闻者都开怀大笑。

罩鱼

2016 年 6 月 19 日

曾经湖畔唱渔歌，罩内才鱼隐乃讹。

手划浑波它不动，臂松一下蹦天河。

注：用鸡罩罩鱼我不是里手行家。一次罩了一条才鱼，我用手臂在深水
　　中划圈，没碰到它，等我将手臂松出来时，它一蹦就出了罩口。现
　　在忆及此事都觉好笑。

挖 藕

2016 年 6 月 20 日

一生最忆是童年，特喜湖滩藕出簪。

找到新尖如至宝，喊来老伯挖泥莲。

小孩未懂人间事，梢尾常猜我这边。

欢乐时光回不去，思乡梦里笑声甜。

注：儿时在塌西湖，有一次和一李姓农民合作挖藕，我找簪他挖藕，讲
　　好选边平分。我几次都选的有梢包的那边，至今好笑。

围 垦

2016 年 6 月 21 日

那年围垦塌西湖，雪地冰天雁影浮。

两岸民工铺石块，一条水道变堤途。

泥浆露底鲇鲢跃，浑水摸鱼竹棍扶。

浩渺烟波今不见，千秋历史自评估。

按：在我的记忆中，塌西湖围垦工程自 1968 年前后开始，从茅山坡和竺
　　家咀两岸开始施工。1970 年，间堤合龙后，我们还在堤北湖中摸了鱼。
　　1975 年大湖水抽枯后因摸鱼冻死了几个人。当年烟波浩渺的塌西湖
　　早已风光不再，塌西湖的美丽只能永远留在人们的记忆中了。

纸上故乡

2015 年 1 月 10 日

昔日故乡常入梦，塌西湖水碧波扬。

春天放响鲇鱼跃，夏季采莲荷叶香。

牧犊男童抠藕乐，撑船少女摘菱忙。

归来不见儿时景，桑梓诗情纸半张。

注：塌西湖在华容城西北，现在的水面不足 60 年前的三分之一，几近
消失。

农家秋景

2015 年 10 月 27 日

路边院落迎朝霞，秋送黄金棉吐花。

收割机吞农户稻，奔驰车坐老爹妈。

庭前塘里鱼嘻水，屋后园中果满桠。

三五邻婆茗盏乐，自夸儿女会当家。

除夕

2016 年 2 月 7 日

月穷岁尽接新春，五谷丰餐醉复斟。
央视通宵歌舞热，乡村整晚爆声喷。
手机微信红包抢，故里全家孝德温。
学子儿孙频祝福，诗吟盛世乐天伦。

路辟何方谁点通

2016 年元宵节

佳节元宵味不浓，烟花爆竹影无踪。
龙灯没在章台闹，社戏难留沱水空。
少壮他乡当老板，妇孺桑梓守梧桐。
故园民俗风吹淡，路辟何方谁点通？

注：今在网上看平江县某村庆元宵节盛况后感赋。

放心菜

2016 年 5 月 20 日

时令园蔬老伴栽，进餐都是放心材。

油淋茄子还沾露，凉拌黄瓜带曲来。

状元湖遐想

2016 年 5 月 28 日

湖畔星城紫气蒸，状元故里土翻腾。

沱河东岸描新景，书院南边挂彩灯。

千亩清波霞影照，万家炊火野珍烹。

不知谁把瑶琴抚，聋耳犹闻韶乐声。

注：华容状元街东南的朱家湖更名为状元湖，规划中的状元湖星城正在开工建设，今沿湖闲步，遐想而咏。

站台一瞥

2017 年 2 月 20 日

惜别东城步履沉，郎君亲送用情真。

春风和煦烘薪木，爱侣身拥咬齿痕。

鸣笛频催车启动，贴心热吻谊升温。

临行一把相思泪，化作珍珠赠恋人。

春雨一幕

2017 年 3 月 17 日

老天不爽脸阴沉，电闪雷鸣水泻盆。

失魄行人忙躲雨，惊魂小鸟乱飞门。

半桥疏柳风情荡，万瓣桃花浊浪奔。

红杏阳台频弄眼，何曾移步早污身。

元宵沱畔火翻空

2017 年 2 月 22 日

如星晶亮映苍穹，遥望仙宫舞玉龙。

幻觉孤鸿奔月殿，谁牵一缕在花丛。

东西南北随风转，远近高低凭掌松。

隔岸孔明灯掠影，元宵沱畔火翻空。

注：元宵节晚上，我步行到华容河广场去看灯景，高空中有好多带
灯的风筝格外引人注目。回来时，沱河上空接二连三飘过好多
孔明灯，别是一番风景。

广场舞

2015 年 9 月 18 日

欣逢盛世乐无涯，万朵霓虹映月华。

街道大妈摇绿扇，村场翁妪系红纱。

伸腰踢腿和谐曲，接耳交头幸福花。

邀个姑娘身伴舞，春心浪漫醉云霞。

惟叙黄湖不了情

2016 年 1 月 11 日

海晏河清南国宁，芙蓉酒美醉酩酊。

同窗深圳驰车聚，老友他乡策马行。

伉俪飞奔千里远，故知豪饮百杯盈。

依依惜别天涯外，惟叙黄湖不了情。

注：2016 年 1 月 9 号，华容一中校友在芙蓉楼前海店小聚。白邦发夫妇为躲 70 岁生庆来广州、深圳。参加聚会的有白邦发、董怀竹、肖朋生、刘淼淼、钟芳、余建林、张韶国、段子刚、程家邰、张文、胡奉波、柴春桃还有华创陈强的司机小邓。晚餐在福田，还有王受益老师、陈向平、贺勤耕、贺常红，以及我和我老伴。赋诗记乐，兼谢远道来参加聚会的校友。

冬至即事

2016 年 12 月 15 日

寒雨濛濛雾锁江，北风送雁洞庭乡。

日逢冬至心尤暖，岁遇年丰事更忙。

老伴熏鱼腌腊肉，邻家磨豆灌香肠。

诗翁泛墨抄新句，病愈倾情弄韵章。

留客住·华容一中 1985 届毕业校友聚会掠影

2015 年 10 月 4 日

伴师长。逛校园、国庆佳节，气清云淡，是处桂花送爽。班旗猎猎风舞，男女拥抱，湖山留笑相。同窗留住，到如今、了却相思陈账；

木楼访。意绪渺茫茫，三旬回望，昔日雏鹰，早已丰盈翅膀。各业各行效力，凌波破浪。喜相逢、食堂重尝冬南海，异国他乡难忘。

注：10 月 4 日，王受益老师回访母校，我陪他校园闲走，恰逢 1985 届毕业校友聚会。这届学生毕业这一学期，是我这个副校长主持全面工作。令人欣慰的是此届高考取得了骄人成绩。今天校友重聚，他们认出了我，美国回来的方健芝拉我照相，北京回来的周翔等与我在木楼相遇，一起填词记乐。冬南海在这里指冬瓜、南瓜、海带汤。

高铁还乡一觉甜

2017 年 6 月 6 日

一说归家夜失眠，亲人南北总相牵。
暑蒸深圳时难过，意念黄湖梦不安。
早上忙收行李袋，心中惦记辣椒园。
瞬间车过千山外，高铁还乡一觉甜。

立夏即事

2017 年 5 月 5 日

改序从今日始长，午休却被雀声伤。
南风带暑翻诗稿，沱水流花入韵香。
庭院石榴开立夏，田园麦穗褪春妆。
农家渴望收成好，早稻追肥除草忙。

黄湖夕照

2014 年 4 月 23 日

夕照湖山万朵金，四围岚气月光银。

乱红点点香魂染，翠绿茵茵野色侵。

桃李风华谁可墨？西窗烛火韵无垠。

退休群体黄昏乐，李杜诗歌老更亲。

黄湖翠竹

2014 年 3 月 19 日

根虬大地饮山泉，春到黄湖孕笋尖。

埋土伶芽生有节，凌空瘦骨醉来廉。

园丁更爱虚心质，画笔常涂淡墨帘。

寒友松梅三结义，同门学子效君贤。

浪淘沙·离乡

2014 年 11 月 4 日

天暮色茫茫，雨打寒窗。梧桐叶落院庭凉，秋夜孤鸿惊梦醒，声断愁肠。

夜半久靠床，慢拾行囊。漏残雾锁碾晨霜，离别黄湖山海远，何日还乡？

题春耕小憩图

2017 年 8 月 14 日

声声布谷唤何人，播种耕耘醉影昏。
身倦欲眠花下卧，春光艳丽梦销魂？

思乡十二时

子时（23：00—01：00）

漫读闲书夜半凉，无端愁绪袭寒窗。

客途梦里乡情伴，一秒一分诗意狂。

丑时（01：00—03：00）

四更漏尽乱鸡啼，故里相思可有期。

父老乡亲黄土地，千丝万缕梦魂迷。

寅时（03：00—05：00）

倦影残灯接曙光，相思难起凤凰床。

儿时多少欢欣事，竹马骑来入梦乡。

卯时（05：00—07：00）

日出东方万岭红，故乡新貌沐春风。

视频微信传诗意，心有灵犀一点通。

辰时（07：00—09：00）

群龙行雨早餐时，食欲全无谁可知。

底事勾留春意闹，吟笺尽写竹枝词。

巳时（09：00—11：00）

美好时光在巳时，故园春色欲何施。

柴门那树桃花艳，谁有诗心摘几枝。

午时（11：00—13：00）

隅中午马值长班，倦客微醺醉意绵。

一梦南柯春几许，醒来不是在乡关。

未时（13：00—15：00）

日移花影上西楼，睡起慵妆香可柔。

心绪乱飞随远雁，诗书满载洞庭秋。

申时（15：00—17：00）

竹木扶疏绿意狂，餐余漫步过沱江。

月移花影春风拂，桑梓魂牵诗一囊。

酉时（17：00—19：00）

日暮林间倦鸟回，客途游子问家归。

多情岁月催诗梦，故地长吟松竹梅。

戌时（19：00—21：00）

惬意人生诗酒乐，清茶淡饭两相当。

章台牵我青春梦，丽月熏风送晚香。

亥时（21：00—23：00）

夜阑人静好时光，追梦天涯写句忙。

明月乡心诗意重，韵播四海菜根香。

兔湖垸新村礼赞

2017 年 12 月 2 日

堤外沱河静静流，水光山色绘蓝图。
精妆别墅临湖建，淡月荷池入梦幽。
便利交通连四海，升平歌舞唱千秋。
姑娘争嫁新村垸，续写诗篇到白头。

愿景

2018 年 1 月 10 日

蓝水映霞春意闹，黄湖凝黛韵常新。
闲心梳理清平句，客梦逍遥浪漫琴。
灿烂夕阳光景妙，从容岁月暖风熏。
杂书满案知三味，新岁诗花扑鼻馨。

飞雪迎春

2018 年 1 月 25 日

寻梅闲步小康村，咫尺黄湖香气氛。
北国风光随入眼，章台景色任销魂。
丰年又见神龙舞。盛世犹求药石箴。
犬送平安飞瑞雪，诗翁韵热醉新春。

题学子雪仗图

2018 年 1 月 26 日

课间片刻炼金身，虎跃龙腾效达人。
璞玉天成原色美，琼花六出映童真。

梅雪吟

2018 年 1 月 28 日

雪羽欢摇岁月长，寒梅一点报春光。
窗前洒满和田玉，诗笔生辉韵自香。

桃花有约

2018 年 3 月 21 日

桃花有约鹊儿喳，灼灼园林火样霞。
岁岁当天微信转，张张人面笑声哗。
一田春事情难了，几树莺歌梦更佳。
千里相思心不语，春腮已泛小桃花。

注：为石首桃花节热场，特作一首。

桃花山遐思

2018 年 2 月 22 日

灼灼其华望欲痴，淡妆醉影惹相思。

芳容误了离乡客，梦恋桃花倦起迟。

注：看石首桃花节相关新闻，随想而吟。

老屋

老屋依然守望，经风历雨沧桑。

门前碧水流曲，梦恋儿时故乡。

初夏华容

2018 年 5 月 17 日

初夏炎炎榴火生，千红万紫耀容城。

荷香四野清风夜，鸡唱三通玉露声。

湿地东湖鲢鲤跃，插旗芥菜域名更。

今非昔比华容道，关帝财神偃月横。

咏物寄情

癸巳中秋述诗怀

2013 年 9 月 19 日

秋气平分月正圆，岭南把酒问婵娟：

清风何日消残暑？凉露几时润砚田？

春夏已磨平仄里，秋冬须赴律词巅。

誓攀绝顶搜佳句，不逮诗魂不返还。

时雨催耕

2014 年 1 月 1 日

时雨催耕奋力犁，南瓯春早一蓑披。

田中黄犊吟新曲，隔岸雄鸡报晓啼。

咏树叶雕刻艺术

2015 年 9 月 20 日

一叶刀雕万物形，新奇艺术醉魂灵。

西厢红袖相思曲，撩拨张生风月情。

大芬油画

2015 年 10 月 20 日

大芬油画质非常，墨韵沉香醉月窗。

斗室生辉云出岫，长街印锦布添光。

千姿妖媚佳人笑，万种风情彩蝶狂。

珍品箱装通四海，鹏城艺苑创辉煌。

注：深圳龙岗大芬村乃国家油画原创基地，此地画家云集，艺术珍品美
不胜收。

小草

2015 年 11 月 6 日

小草无私生命强，不求名利敢担当。

经霜叶绿苍茫地，肥了牛羊四海香。

丢龟记

2015 年 12 月 1 日

宠物玩丢久不回，童心未泯锁愁眉。

翻箱倒柜爷孙找，硬骨残形壁角窥。

俗语称呼王八号，雅词赞颂寿龄龟。

仁慈种子诗田下，积善随缘拾涧菲。

注：孙女关爱动物，小龟突然失踪，找遍家中未果，担心它饥饿，几天
闷闷不乐。谁料七日之后，小龟忽从墙角爬出，余奔十里寻粮，得
龟得句悟觉。

跳蚤市场

2015 年 12 月 20 日

跳蚤市场何许功？幼儿参与兴冲冲。

堆堆玩偶多相抢，册册图书半扫空。

三岁孩童叫买卖，初游商海学神通。

物归新主成其宠，各有千秋爱不同。

风

2016 年 1 月 15 日

有声无影又无踪，四季功夫各不同。

春到江南添绿色，夏临塞北化冰容。

秋涂枫叶层层彩，冬送梅花点点红。

竹说平安风结友，怒生江海浪千重。

云

2016 年 1 月 16 日

传闻楚地旱魔狞，神女巫山暮雨兴。
十二峰高风月近，长江滩险雪花凌。
荒淫金殿蛮腰扭，挑逗红尘春梦情。
隔岸老牛贪嫩草，人间多少是非评。

霜

2016 年 1 月 19 日

深秋夜冷露成形，气态冰晶满地凝。
雨打枝头流泪水，尽将枫叶染诗情。

雪

2016 年 1 月 22 日

腊月还乡园地忙，菜薹羞涩换银妆。
苍天起舞飞花落，大蒜凌寒绿叶昂。
一片鲜蔬穿素雅，数枝梅蕊吐芬芳。
愁云消散日边去，六角晶莹沐瑞光。

雾

2016 年 1 月 27 日

如烟缭绕似云飘，雨务繁忙万里翱。
拢鬓低鬟姿色美，华天高日影形消。

露

2016 年 1 月 28 日

昨夜星辰照碧空，何神心善救酸穷？
珍珠洒下万千斛，贫妇田园绿叶浓。

雨

2016 年 5 月 25 日

冰雪消融水润埃，东风送暖热桃腮。
一冬枯色添新景，万点空濛隔钓台。
杨柳依依风劝舞，黄莺喋喋韵牵怀。
春心已可托鸣雁，月隐巫山云雨来。

注：此诗写于 2015 年 1 月 22 日，2016 年 5 月 25 日修改而成。

生肖十二题

鼠

2015 年 12 月 10 日

十二生肖榜首登，臭名昭著夜翻腾。
目光寸远灵动机，脚爪分长神气增。
府库掏空钻地洞，疫情传染害苍生。
多行不义遭天谴，最怕过街喊打声。

牛

2015 年 12 月 10 日

曾隐桃源苦种田，也随织女伴神仙。
沙场木偶搬粮急，股市金蹄弄水寒。
车破人间添美味，皮吹艺苑上青天。
功成晚岁求清静，绝妙琴音莫对弹。

虎

2015 年 12 月 11 日

呼啸临风百兽王，当年丢命景阳冈。
雪原林海藏踪影，军旅厅堂挂画幢。
君落平阳遭犬吠，狐威乡里笑人狂。
国家保护珍稀族，谁敢伤生法网张。

兔

2015 年 12 月 11 日

蟾宫捣药得仙方，误落红尘不改妆。

荒野求生肢有力，草场赛跑脸无光。

耳长不问人间事，尾翘为夸月桂觞。

三窟也难留性命，佳肴美味润饥肠。

龙

2015 年 12 月 12 日

传说家居水府中，腾云驾雾法无穷。

故宫木椅雕肖像，皇袍丝衣绣圣容。

神话东方祥瑞物，载承大海豁然胸。

天知吉兽真颜目，莫去泉台访叶公。

蛇

2015 年 12 月 12 日

峨眉修炼出山门，眷恋凡尘变女身。

换骨脱胎心向善，扶伤救死药医人。

胸怀大志思吞象，蜷卧鼠窝除祸根。

发展眼光看万物，杯弓蛇影是陈闻。

咏物寄情

133

马

2015 年 12 月 12 日

汗洒边疆百战威，舍生忘死破重围。
的卢救主成佳话，绝影伤睛好口碑。
君放南山无事恼，人怜伯乐退休回。
牧场老骥思千里，不用扬鞭草上飞。

羊

2015 年 12 月 13 日

曾经北海雪风吹，苏武同君青史垂。
灵首牺牲安社稷，毡毛织毯挡柴扉。
代人受过常遭罪，跪乳知恩理不亏。
世道如今多变化，太狼不及喜羊威。

猴

2015 年 12 月 9 日

聪明伶俐智商高，花果山中乐且遨。
弼马天庭留笑柄，取经道路建功劳。
水中捞月相牵手，街上沐冠细数钞。
貌不惊人心向善，平生最恨杀鸡刀。

鸡

2015 年 12 月 13 日

一人得道共升天，与犬曾经做过仙。
红冕锦衣身自带，竹篱山野影悠闲。
花街柳巷招群骂？细肉鲜汤待客欢。
被宰常因猴子闹，无缘讽杀几多冤。

狗

2015 年 12 月 14 日

翻开简历挺荣光，天上人间业绩彰。
花果山坡追大圣，荒林野地逐獾獐。
戎装助警奇功立，农舍忠君远梦香。
谁挂羊头售犬肉，街谈巷议是非忙。

猪

2015 年 12 月 14 日

曾在天庭当御差，色心一起被双开。
女儿国里红颜挽，高老庄中桃面怀。
名就功成无事做，天昏地暗有刀灾。
重生动漫童孙喜，侠士猪猪变俊才。

咏物寄情

咏鹅别图

2016 年 2 月 16 日

凄然一吻泪成河，重演人间长恨歌。

难舍难分心欲裂，不离不弃颈相和。

车轮滚滚哀声起，山路弯弯瘴雾遮。

此别从兹尘世隔，平湖谁共向天哦？

注：最近网上热传两只鹅的吻别故事，读后戏咏。

农家餐馆

2016 年 4 月 13 日

独门独院向东方，果树园蔬绿满窗。

弱柳谁攀连影动，野花风送隔湖香。

人来客往筵流水，雁去燕回景欲妆。

有约常来听妙曲，远离闹市饮琼浆。

杜鹃花

2016 年 5 月 11 日

名花孰艳杜鹃崇，啼血春山都是红。
桃李相随欠丽色，芙蓉比影少娇容。
仙乡籍是中华地，他国侨居锦绣宫。
装点江山如画美，多姿多彩露光融。

柳

2016 年 5 月 13 日

东风吹艳江南景，沱岸坡旁万绿牵。
风雨剪裁新月叶，娇姿欲舞辫神鞭。
温情脉脉传心语，晓雾蒙蒙浥露烟。
马上敲诗休怯步，莫教嫩柳小人攀。

咏水仙花

2016 年 5 月 14 日

仙子凌波奈冷何，雪宫孤影伴无多。
不沾寸土凭风露，雅室陂塘岁月蹉。

戏说海棠

2016 年 5 月 31 日

涂尽胭脂抹暗香，海棠何故伴梨桩？
世人不齿伦常乱，饭后茶余说短长。

题滑竿图

2016 年 6 月 2 日

倒坐滑竿何许人？棒棒哥醉抖精神。
二郎迈步山坡下，争着轮岗不觉沉。

小雪咏怀

2016 年 11 月 18 日

节临小雪雁声寒，凌锁沱江暮色残。

两岸高楼蒙雾影，一河原玉缀山川。

牙床夜咏三更冷，冬月梅开半岭妍。

待到春来新韵暖，再编诗稿献人间。

银杏颂

2016 年 11 月 20 日

银杏摇风福万民，秋来遍地铺黄金。

一身是宝堪荣耀，万古长青有茂荫。

药叶烹茶排血脂，果仁熟品治冠心。

桃花山上多情树，曾惠前朝晋国军。

绿萝

2016 年 11 月 21 日

我爱绿萝生命强，茎繁叶茂四时昂。
阳光散照迎风动，钵土见干浇水忙。
一派生机传物语，千枝妖艳着春妆。
新陈代谢扬清气，朝夕相随休健康。

惜花

2016 年 12 月 23 日

漫步公园竹径穿，玫瑰朵朵艳山边。
好花要用真情待，一折归来色不鲜。

元旦寄怀

2017 年 1 月 1 日

大圣巡天岁自安，金鸡报晓五更欢。
各行各业开端好，人海人山闹市还。
沱畔歌台吟盛世， 枕边诗集载新篇。
家迎元旦春光暖，我览群峰步更坚。

新年寄情

2017 年 1 月 1 日

痴心追梦望云宵，当值申猴万里邀。
折得蟾宫金叶桂，添财见喜乐逍遥。

小寒记事

2017 年 1 月 5 日

北风带雨小寒临，夜坐炉前送旧邻。

哀乐声声催泪下，老妻情动数艰辛。

注：今日是小寒节气，我和老伴去送别刘迪金的妻子。妻子情到伤心处，
细数那段岁月的艰辛。赋诗记录。

大寒心事

2017 年 1 月 15 日

三九严寒冷气生，雪风弱体苦相挣。

病痊还怯听蕉雨，入梦常惊抽液声。

梅蕊含香春不远，金鸡报晓日初升。

天增岁月家添福，欲探诗山上顶层。

春雪吟

2017 年 2 月 7 日

立春节后好花开，妆点江山夜雪来。

晨起推窗观素景，日升潜影入尘埃。

青峰未盖银颜被，新句难填雅色怀。

惟愿天寒情不冷，东风浩荡扫阴霾。

注：立春节后，家乡华容夜降小雪，赋诗咏怀。

元宵乐

2017 年 2 月 11 日

沱畔元宵鼓乐喧，一方更比一方欢。

银花火树城乡亮，圆月龙灯天地牵。

靓女倩男街市闹，童颜鹤发舞台旋。

和风春景熏人醉，我咏良辰意正酣。

元宵烧烤感赋

2017 年 2 月 12 日

今岁元宵过得安，花灯看罢聚炉欢。

熊熊炭火羊排烤，美美佳肴味道鲜。

不想少时朝日苦，哪知盛世夕阳甜。

儿孙绕膝清闲乐，更喜诗词伴晚年。

题北雁回乡图

2017 年 2 月 28 日

北雁回乡气势雄，长空万里任西东。

蓝天目送归鸿远，跑道机停鸟路通。

羽阵壮观生命美，白云慈善佛光融。

此情此景催人泪，关爱珍禽百世功。

注：刘森森发来北雁回乡的视频，视频中可见广州白云机场为雁群让出空中道路，暂时取消相关航班。此情此景让人感动，赋诗咏怀。

惊蛰

2017 年 3 月 5 日

仲春细雨绽桃腮，杨柳风吹暖意来。
霹雳惊天虫出洞，百般红紫亮花台。

秋月

2016 年 11 月 5 日

明朗高天玉镜悬，长空万里耀河山。
诗翁不是悲秋客，追梦蟾宫结桂缘。

秋霞

2016 年 11 月 6 日

千山萧索北风吹，枫树枝摇半掩扉。
潋滟秋霞陪我老，江堤月影紧相随。

咏物寄情

秋光

2016 年 11 月 6 日

黄湖山上看斜阳，浪漫红霞暖韵床。

集外新笺多几百，诗心不老恋秋光。

立冬

2016 年 11 月 7 日

冷雨敲窗雁阵横，萧萧落叶降容城。

立冬节到秋收毕，户户农家酒气腾。

三角梅

2016 年 6 月 4 日

荟萃中西三角梅，一年四季任风吹。

春光妖媚同争艳，秋意玲珑独占魁。

虬曲蜿蜒锋毕露，嫣红姹紫雁思归。

千姿百态花如叶，装点江山更有谁？

叹鸣蝉

2017 年 3 月 6 日

身躯化羽想高枝，得意空鸣自笑痴。
几曲情歌招噩梦，螳螂在后觉时迟。

春分即事

2017 年 3 月 20 日

春分节至雨纷纷，电闪雷鸣欲索魂。
下种育秧农事紧，耕田整地铁牛奔。
燕莺共舞穿疏柳，鸡鸭同欢闹彻晨。
最美仲春花正艳，千红万紫袭诗人。

文博会上品根雕

2017 年 5 月 13 日

根雕艺术醉魂灵，栩栩如生远客迎。
铁骨铮铮芳影瘦，仙风袅袅韧筋青。
展厅神韵回幽梦，雅室佳人对翠屏。
寄语他邦交易客，中华工匠尽精英。

咏物寄情

147

木棉遐思

2017 年 5 月 18 日

五月南疆絮漫空，木棉果炸暖烘烘。

铺天白雪萧萧下，满地银霜缓缓雍。

莫问人间情路远，须知世外水云重。

纤垂柔缕充婚枕，爱侣逍遥野鹤踪。

赏荷

2017 年 5 月 26 日

南国芙蓉别样狂，端阳未到满池塘。

红莲正放春心荡，烟蕊初开清气扬。

一丈青荷宵梦醉，几分素片白云祥。

风姿绰约诗难状，花海徜徉韵偷香。

注：今日下午，大女勤耕带客人严小姑和我们去洪湖公园赏荷。怡然自得，赋诗记趣。一丈青指公园引进的白荷品种。

品樱桃

2017 年 6 月 1 日

初夏樱桃贯日虹，状如笑口爱心浓。

芳姿剔透能餐色，好味嚼来添醉容。

千里航邮朝露滴，神州寄到晚妆红。

闲人慢品神仙果，乐做天涯放鹤童。

桃花故事

2014 年 5 月 7 日

仲春季节绽桃花，一片绛红火灼霞。

瓣放春心颜色艳，蕾生朱痣面容嘉。

桃林崔护诗题壁，故地佳人命绝崖。

生死情牵连理结，桃花故事醉中华。

注：题诗后，崔护又去了那片桃林，女子的父亲告诉他，去年今时君走后，
伊已成痾；今年今时君来此，逢伊出游，归家见诗，且悲且病，绝食
而亡。崔护为之哭灵，女子复活，喜结连理。

闲吟七夕

2017 年 8 月 28 日

寂寞红尘夜半寒，炎凉世态梦何安。
休言女友人情薄，娶得天孙会也难。

中秋随感

2017 年 10 月 4 日

情满中秋墨满池，家人南北总相思。
隔山隔水凭栏望，观月观花入梦迟。
月吐氤氲化好句，花追艳色赋新诗。
只要岁岁平安问，韵醉天涯共此时。

醉中秋

2017 年 10 月 4 日

谁把清辉洒玉卮，中秋把盏正当时。
临河俗客听三鼓，隔岸江风奏七丝。
沱水有情波吻月，青山浪漫柳摇枝。
曲终人散余音绕，酒后闲吟杂味诗。

咏紫薇

2014 年 7 月 10 日

横斜疏影露光融，乔木成林积善功。

灿若云霞消暑气，薄如蝉翼散霓虹。

游人酷热撑凉伞，过客浓阴赏艳容。

盛夏枝头芳百日，紫薇烂漫染苍穹。

咏芍药

2014 年 6 月 4 日

广陵芍药错春光，美艳无双失称王。

国色芳华含恨泪，腰黄红叶殿春妆。

四人出相簪花戴，一段传奇宋史藏。

花事不知人世改，依然浪漫唱哀腔。

注：今读《深圳特区报》斯尔然文章《将离，将离》感赋。摘录文中一段：
陈师道有记载，"花之名天下者，洛阳牡丹、广陵芍药耳，红叶而黄腰，
号金带围，而无种，有时而出，则城中当有宰相。韩魏公守广陵日，
郡圃开金带围四枝，公选客具乐以赏之。是时王岐公以高科为倅，
王安石以名士为属，皆在选，尚缺其一公，谓今日有过客至，即当
使之，暮报陈太傅升之来，明日酒半折花歌以插，四人皆为相"。

立春

2015 年 2 月 4 日

青鸟叩门开，梅香随雪徘。

东风吹物醒，细雨送春来。

蓄满雾青色，流连红杏腮。

揉眉怀昨梦，新岁立高台。

注：按古人的说法，青鸟是西王母的使者，青鸟司启，玄鸟（即燕子）
司分。

小暑大暑

2015 年 1 月 24 日

小暑相连大暑牵，江南早稻正开镰。

抢收抢插民为食，挥汗淋漓背向天。

知了声声哀热树，老牛步步跪泥田。

盘中五谷来非易，一日三餐适可甜。

小寒大寒

2015 年 1 月 18 日

飞鸿向北乡，喜鹊筑巢忙。

野雉雊声紧，小寒阳气刚。

大寒年近暮，新岁将登场。

梅艳春何远？东风拂晓窗。

注：昨天中午在深云村吃饭，下午一家人去大沙河公园游玩，看见成群
的大雁向北飞去，好久未见雁群的我，觉大寒将至，吟诗自娱。雉
指野鸡，雊指野鸡的求偶鸣声。

小雪大雪

2014 年 12 月 7 日

小雪迎来大雪天，关山万里尽云烟。

冰封几尺消虫卵，凌锁千江润麦田。

农妇心欢哼旧曲，文人墨泛谋新篇。

金羊报喜民间乐，北国风光兆瑞年。

注：大雪，这里指农历大雪节气。

咏物寄情

153

寒露随感

2017 年 10 月 8 日

逐梦追诗路正长，高空大雁笑寒窗。
愁眉紧锁差新意，醉笔轻摇怯晚凉。
案上吟笺抄了毁，灯前倦影踱成伤。
如春情景人言尽，我辈羞无艳帜张。

霜降随感

2017 年 10 月 23 日

荒径今晨见薄冰，原来霜降露寒凝。
秋弦谁拨风声拨，诗稿何评月旦评。
终日如痴敲句倦，经年沈醉选词清。
文人相处情牵艺，梦逐吟坛争得名。

芒种

2018 年 6 月 6 日

劳燕东西各自飞，鸟儿反舌韵音微。
金黄麦浪朝天舞，银色栀花送日归。
白羽风生新竹冷，黄梅果熟嫩枝肥。
流萤几点凉光露，山谷空鸣夜幕围。

注：旧作修改于 2018 年 6 月 6 日（芒种节气）。

月季花

2014 年 6 月 26 日

月月含苞吐异芬，风情万种积年尘。
五颜六色蝶蜂舞，百态千姿鱼雁沉。
释放清馨诗入梦，制成盆景画香魂。
名花谁与争皇后，敢霸年年四季春。

咏桃花源

2017 年 8 月 6 日

薜萝锁洞侧身挪，走过溪桥望钓蓑。
秀水青山归去醉，桃花依旧荡心波。

消夏

2017 年 7 月 26 日

隔壁荷塘绿意融，叶香还带一池风。
炎炎夏日清凉地，月映诗心伴晚钟。

咏夏

2017 年 8 月 4 日

一场阵雨半边晴，高树蝉鸣午梦惊。
暑气蒸腾难出户，心先飞到绿荷亭。

立秋即事

2017 年 8 月 7 日

消暑纳凉沱水畔，车流客涌大桥横。
蝉声阵阵秋虫噪，花气纷纷暮色蒙。
月影一江人两岸，荷风千里漏三更。
炎炎夏日从今别，酒醉通宵香溢城。

秋桂

2016 年 10 月 29 日

秋宫桂影射诗魂，九月西村吐异芬。
独与东篱丛菊恋，袭人花气醉黄昏。

秋菊

2016 年 10 月 30 日

百花寥落我登场，独挡寒吹在北窗。
绰约多姿披夜雾，风情万种沐晨光。
经霜经雨为谁艳？入画入词描淡妆。
惹得骚人扶醉影，千杯百盏付诗肠。

秋云

2015 年 11 月 2 日

秋云带彩画黄昏，变幻无穷笔有神。
万道红霞光灿灿，千峰翠色木森森。
家山北望相思忍，鹤影南追逐梦真。
诗在远方千里采，随风漂泊一闲人。

咏物寄情

157

秋声

2016 年 11 月 4 日

空寂山林总有声，彤红枫叶染阶层。
流泉飞瀑清音妙，落日浮云雁字横。
野渡鸥鸣争过客，寺门犬吠迓归僧。
村场舞步丰收曲，万象升平唱大风。

残荷遐思

2017 年 10 月 10 日

残荷老梗满池塘，傲骨犹存一缕香。
瑟瑟风来枯色冷，萧萧雨打曲声伤。
曾经绿韵今何在，几许遐思意自长。
斗胆三更春梦约，莲花仙子做新娘。

明月诗心

2017 年 10 月 16 日

欲把痴情寄桂枝，云宫玉兔可相知。

风来明月时藏影，雁过长空夜有思。

床上吟笺多少梦，杯中浊酒几囊诗。

枯肠若得甘霖润，壮心可吐万千丝。

咏蓝水河

2017 年 10 月 2 日

借得蓝河港一湾，灵泉浇灌碧芽鲜。

吟坛老马欣传艺，退职闲人乐见天。

山外有山宽眼界，水中活水润诗笺。

闲云野鹤心高远，照影清波梦也甜。

捡拾银杏叶有题

2017 年 12 月 5 日

银杏摇风疏影沉，冬阳映照更精神。

校园喜有黄金树，老迈欣逢枯木春。

残叶收来缝药枕，果仁可用治顽根。

闲人只觅新奇句，煮酒吟诗劝客斟。

注：前一天下午和蔡定炳老师在华容一中校园捡拾银杏叶有题。

沱江冬至即事·六绝二首

2017 年冬月

其一

数九寒天漫步，邀三咏友消烦。

诗心探访农户，酿酒蒸粑正欢。

其二

冬阳照耀沱江，老母依门怨伤。

夜梦芝兰盛茂，儿郎哪日还乡？

小寒飞雪有寄

2018 年 1 月 5 日

小寒约得六花开，宛若情人款款来。
地冻天寒梅苑艳，山高月淡素笺裁。
欲求雅韵清风骨，速写银妆越女腮。
新岁帘掀添瑞景，诗囊香满溢云台。

题双鱼吻别图

2018 年 1 月 22 日

天涯浪迹浴情河，误入丝罗莫奈何。
一吻凄然成恨事，诗人群起挽悲歌。

百合花

2018 年 2 月 14 日

云裳仙子有情怀，翠羽梨衣腊岁开。
花语顺心含瑞气，春风如意醉书斋。
仙姿绰约窗前立，逸趣玲珑月下来。
君带祥光多吉兆，与谁相伴步婚台？

华容道随想

2018 年 5 月 1 日

曲径通幽泻古泉，枯藤老树嫩枝翩。

曹操败走霜寒地，金锁拉开义薄天。

借沐风光留好句，重修庙宇悟真禅。

仙鹅闲适前寻路，关帝横刀立马还。

注：仙鹅寺住持释怀逸大师拟重修关帝庙，随想而作。

杨梅

2018 年 6 月 4 日

一树杨梅已透红，生津止渴汁无穷。

曹公借语三军动，游子羁愁万里融。

桑梓情深诗可及，故园酒醉味相同。

风摇飘落酸甜果，午梦轮回竹马童。

迎新年·六绝三首

2018 年 2 月 16 日

一

梦饮蓝河碧水，诗吟白雪疏梅。

新年好句香重，惹得群蜂偷窥。

二

网友芳词读之，吟窗几许相思。

常时幸会高手，对月诗盈酒卮。

三

蓝天碧水江山，你我儿孙故园。

犬守平安幸福，春回大地同欢。

杂感

2018 年 2 月 18 日

初三做客女儿家，富裕南疆感岁华。

异地奇珍添美味，青山秀水吐芬葩。

东君逐浪涛声远，新月听窗墨韵佳。

拍马诗歌多上榜，不承风雨灿余霞。

白鹭岛

2018 年 7 月 23 日

团山白鹭自由飞，五彩秧苗出翠薇。

秦克湖流清澈液，鸭蛙稻守善良扉。

安全招引天涯客，无毒教施生态肥。

鸟语禾香风景异，悠悠诗梦映朝晖。

注：白鹭岛在石首市团山镇，是生态稻米生产基地。

题对弈图

2018 年 8 月 2 日

黑白相争夜已深，方圆胜境绝嚣尘。

寄情物外江湖远，仗剑天涯岁月新。

艺苑神童心有竹，茶厅雅士汗沾巾。

手谈难解输赢局，坐隐堪通是智神。

注：读"石首文艺"群组中郑明灯老师分享的杨存志对弈诗，得题闲赋。

立秋述怀

2018 年 8 月 7 日

雷闪青山收夏色，风摇木叶动秋声。
蝉贪堤柳清凉露，身远江湖寂寞情。
退隐闲人飘四海，登攀游客咏三更。
诗心独向高天月，直挂云帆万里程。

七夕闲吟

2018 年 8 月 17 日

天上人间好梦摇，牛郎织女乐今宵。
神仙约会期相许，明月寄情愁渐消。
男对星空时醉酒，妇寻云鹤夜吹箫。
夫妻两地长年苦，七夕金风玉露调。

咏物寄情

165

题赠唱酬

寿白邦发七十

2016 年 1 月 5 日

七秩华年福满堂，欣逢盛世沐祥光。

为民勤恳能圈点，报国忠诚可表彰。

学子家寒吹暖律，泰和业善助寒窗。

回思往事心无愧，千里慈行岁月长。

注：2015 年湖南泰和获评湖南省第三届爱心企业，白邦发获评省慈善大使。以时令合乐律，温暖的节候称"暖律"。

题照

2016 年 4 月 6 日

芦林万顷吐清芬，野鸟家禽闹彻晨。

花倦欲眠风劝舞，情歌未和酒频斟。

文朋观赏团洲景，诗韵牵怀梦境人。

贪看堤边新叶柳，春心不老忘抽身。

注：徐启华老师团洲苇海踏青，网上发照片一组，随想而吟。

寄语何佳蓉小朋友

2015 年 9 月 10 日

双亲优秀女儿强，何府佳蓉百炼钢。

伶俐聪明谁可比？读书写字自修忙。

家教严格童心善，校纪遵循道德昌。

学习超前同辈妒，放飞梦想敢漂洋。

注：何佳蓉是我外甥何洪波、甥媳陈淼的女儿。何洪波系华容一中校友，
获国家结构师资质，为教授级高级工程师，是湖南电力勘测设计院
领军人物之一。其女聪明，前程无量。

长生乐·读《母亲的眼神》寄赠作者

2015 年 11 月 18 日

种月耕云度岁荒，德泽洒山乡。世人难事，设法力
相帮。昼出箩筐挑崽，烛剪昏黄。儿行千里，白发娘
魂梦牵肠。

少年立志，报效家邦。台阶稳稳当当。心向善，好
运自然长。做官公正廉洁，慈母乐安康。

注：读 11 月 5 日《岳阳日报》上白维国的《母亲的眼神》，文章以真感人，
读后赋赠。

赠黎才华同志

2015 年 9 月 17 日

才华横溢不浮夸，日有新诗意境佳。
士别三天当刮目，层楼更上望秋霞。

注：黎才华，华容一中校友，中学教师。

逍遥乐·寄赠张友龙同志

2015 年 10 月 11 日

沱水岸边芳草。历岁长青，经半百风霜傲。日聚精华，
热度张扬，万里阳光普照。想当年事，用红婚，记忆犹新，
寸心堪表。同学友情深，梦里龙笑。

监理安全前哨，职领农机学校。如今老来俏。怀壮志，
行大道，畅通水泥路，收割机械欢跑。逍遥乐陶盛世，
乡村春晓。

注：张友龙，华容一中高 61 班校友，在县农机局工作。

题海报《背影》

2015 年 12 月 29 日

警员背影显威容，守卫平安卓著功。

南国佳人曾识我？嫣然一笑醉颜红。

注：福田警队"走心"海报引热议，每张海报讲述一个故事，分背影、
    成长、取舍、无声、回家和幸福六个主题，照片饱含深情，让观者
    无不感动。

邵阳贺璟族人崇

2016 年 3 月 22 日

通谱编修声望隆，邵阳贺璟族人崇。

寻根问祖倾心血，追本穷源悴面容。

廿载辛劳霜雪路，千秋功业蜀山松。

纯公后嗣应知礼，一姓从兹不乱宗。

题照

2015 年 9 月 15 日

波罗的海喀秋莎，纯洁无疵放翠华。

异域风情香网上，可餐秀色隔天涯。

注：唐宇文赴俄学习，发一金发性感女郎照在群内调侃，附和戏咏。

读《我的留守父亲》

2016 年 4 月 16 日

北望乡关老父亲，茕茕孑立瑟霜衾。

曾经多少辛酸泪，觉悟一颗慈善心。

隐忍若书儿女读，勤劳是本福星临。

家风严谨雕如意，不负高堂大雅音。

注：前一天下午在校园闲步，偶遇白维国，他微信发《我的留守父亲》
给我文章情真意切，朴实感人，读后而赋。

读《生日感怀》原韵酬寄

2016 年 4 月 20 日

有志男儿稳步云，年华不负五旬春。

孝心能感乾坤笑，仁义堪夸弟妹亲。

勤勉为官酬社稷，辛劳教子育贤昆。

平生向善人增寿，清白家风世代薰。

附：

生日感怀

白维国

少年立志步青云，弹指匆匆近晚春。

父母恩深难厚报，同胞义重最相亲。

半生勤勉酬先哲，满腹豪雄寄后昆。

自信人生能百载，蕙风长拂白家薰。

读《爷爷的钱柜》感赋

2016 年 5 月 4 日

品读文章钱柜箱，个中故事感人肠。

寒门几代传官品，大厦千秋靠柱梁。

淳朴家风无价宝，精神粮食有丰仓。

祖言谨记船操稳，一路顺风万里航。

注：2016 年 5 月 3 日《岳阳日报》副刊登了白维国《爷爷的钱柜》，读后感赋。

华安颂

2016 年 5 月 8 日

华安保险实堪夸，父母节来都送花。

红版张张传问候，员工个个语欢哗。

世间情义尤其重，集体关怀更可嘉。

图报感恩同努力，共为大业献芳华。

注：华安保险公司在每年的母亲节和父亲节都为员工的父母亲寄一份慰问信，
还送上 500 元慰问金，这种行为值得点赞。

奉和王受益老师《荷花》诗

2016 年 5 月 9 日

芙蓉翠盖掩湖田，千叶红衣摇细涟。

泥下根通连理藕，水中苞结并蒂莲。

恋心切切丝难断，爱意绵绵梦易牵。

留得清香熏雅句，诗情荷韵两相欢。

附：

荷花

王受益

翠盖万柄掩清涟，红衣千叶立碧田。

淤泥中长连根藕，绿叶丛结并蒂莲。

殷殷切切心脉通，缠缠绵绵情丝连。

一生饱人口眼福，留得清香环宇间。

题蔡定炳《阳光水榭赋》

2016 年 5 月 19 日

阳光水榭赋生香，楼借文风价自昂。
妙笔生花添曙色，匠心独运画诗廊。
春风剪柳穿庭院，竹木扶疏影月窗。
闹市幽居心海阔，仙葩乱坠酿琼浆。

附：

阳光水榭赋

蔡定炳

　　岳阳市优，华容名楼。阳光水榭，堪居可求。处城中而临公园，即闹市而亦乡幽。

　　基址宽阔，占地三万平米；生态新城，四楼巍然峰起。地利之便，得天独厚。东临公安，无患盗贼不轨；西邻医院，头疼脑热何畏。南濒湖畔，可观沧浪之水；北靠林道，宜赏白顶之云。环楼而游，三面广场一面湖；出行方便，四通八达二条线。商场星布，购物何须远足；学校在旁，入读有何堪优。藏风聚气，天然一块宝地；地灵人杰，宜乎福禄唯求。

人车首设分流，园开双门；公共设施隐地，车停亦然。一园之内，无非花木楼阁；园中所见，不外碧池水榭。童叟相嬉，勿患安全之虑；放心而游，浑无跌撞之忧。户型多样，宜众宜寡，居室设计，有宽有狭。通风采光，设计之精巧；现代时尚，绿色而环保。

若居其间，乐不思蜀。三万平米绿化，花木扶疏；其间设施配套，多功多能。倘工余暇日，徜徉其中，养心健身，其乐融融。东风拂地，启青阳之芳辰；百花竞放，若画幅之绘彩。闲庭信步，看燕剪春柳；俯身赏玩，逐蝶穿花丛。花明丽日，光浮窜氏之机；鸟弄芳园，韵响王乔之管。曲径通幽，风吹而竹响；雨洒花落，爽心而悦目。邀友切磋，乐琴棋于飞阁；呼朋引伴，悬钓丝于垂柳。看野莲铺湖，观鹭起鹜飞。居室远眺，祥云飞而天空湛；足不出户，棉花白而稻粱黄。市廛之声远遁，世俗之劳顿消。诗意栖居。其乐何多？

嗟呼！物有所值，君子得物之首选；宜室宜居，阳光水榭之琼楼。得一楼而永逸，君子购之；恐捷足而先登，宜不速乎！

悼杨绛先生

2016 年 5 月 25 日

先生本是女儿身，文苑巨星民族魂。

世纪传奇今谢幕，精神感动读书人。

注：惊闻文苑巨星杨绛先生于今日凌晨仙逝，享年 105 岁，赋诗记哀。

校友聚会乐

2016 年 7 月 8 日

师生聚会在南疆，龙井茅台满室香。

喜叙黄湖同校乐，安居深圳各行忙。

互留号码加微信，相敬琼浆敞话箱。

初次邀餐如故友，乡音不改旧时腔。

注：深圳校友会会长严若海得知我和聂尚武、王受益老师在深圳，临时
相邀聚餐。参加聚餐的学生还有杨向东、陈政文、周伟、宋振兴、
季格格和驻港部队的老乡。赋诗记乐兼谢严若海、周伟等校友会的
同志。严若海前不久为母校华容一中捐款 100 万元作教师奖励基金。

友人生日寄赠

2016 年 10 月 23 日

花甲从头又二秋，家庭从此少忧愁。

儿孙自立儿孙乐，幸福相牵到白头。

悼念卡斯特罗

2016 年 11 月 29 日

时代象征数卡翁，古巴革命急先锋。

传奇经历多荣耀，暗杀阴谋独抗衡。

性格倔强言语直，功勋卓著是非争。

单挑美国雄风在，铁骨铮铮世所称。

乡友聚会记乐

2017 年 3 月 15 日

柳扇和风暖意融，文朋约聚玉楼东。

推杯碰盏乡愁涌，说地谈天旧事穷。

是否相拥桃树下？谁怀初恋梦魂中？

稀年不老春心在，酒话云烟一笑空。

注：国家一级作家艾湘涛同志和岳阳市教育局退休干部段福林同志回故
乡，邀几个老朋友在新世纪大酒店相聚。参加聚会的还有刘迪金、
黄湘仪、肖桂兰、曾应纯、张善明、赵支书、艾传祥、鲁建新、黄
湘平、肖静母子和我。赋诗记乐。

村居

2016 年 12 月 16 日

别墅向阳庭院幽，奇花异草竞风流。

人参果树苗栽定，丹桂金枝香可揉。

木本海棠抽瑞色，刺芒月季艳桑畴。

是谁捧读线装册？淡酒闲茶晚岁悠。

注：今日偕老伴去万庚鼎山村许尚仁老师家，主人好客留餐，午间在庭院晒太阳、赏花木，赋小诗记乐。

新年寄赠白其芝

2017 年 1 月 10 日

竹马扬鞭乐少年，艰难岁月菜蔬甘。

青春故事尤珍重，亲友新篇更可研。

一半情缘留梓里，几多趣话寄诗笺。

三生修炼成知己，路在黄昏效哲贤。

悼王达吾老师

2017 年 1 月 11 日

投笔从戎历数秋，栉风沐雨雪霜头。
成荫桃李彤彤艳，授业黄湖岁岁优。
师德含芳传后世，门徒如子育良俦。
先生驾返蓬莱岛，笑貌慈音正气留。

赠金奇白小芬

2017 年 3 月 22 日

金色青春美梦真，奇情妙景白云深。
小溪流水平安院，芬李成林香满门。
百鸟齐鸣讴盛世，年花正艳度良辰。
好风频送及时雨，合璧联珠幸福婚。

贺坤陶茹喜结良缘

2017 年 4 月 9 日

贺姓家风世代传，坤灵毓秀百花妍。

陶然戏水鸳鸯乐，茹露饮泉春燕欢。

喜事频来明月夜，结婚盼得艳阳天。

良辰美景交杯酒，缘在福田瓜瓞绵。

贺强何丽新婚寄赠

2017 年 4 月 30 日

贺家兴旺喜筵开，强手相联福自来。

何府佳人花月貌，丽山金凤栋梁才。

百灵鸟唱小康曲，年酒坛封盛世台。

好梦当真勤积善，合欢树下课童孩。

鹏城再聚赠同窗

2017 年 6 月 3 日

同窗约聚见情真，爱碗亭间国酒醇。

共话黄湖春故事，相思沱畔旧情人。

走南闯北花容淡，说地谈天醉影沉。

早岁模糊黄相册，你猜我认孰能分？

注：蔡东汉、范海鳌等同学几次约聚为我们饯行，今天在鹏城的师生终
于相聚于福田区委旁的马成时代广场。参加聚会的有范海鳌、何女
士、戴永华、王女士、萧癸铭、温女士、蔡东汉、潘冬妮、杨长生
王受益老师和我。赋诗相赠，兼表感谢之情。

读厦门新闻赠安智居士

2017 年 5 月 20 日

从来风水轮流转，欲问何时到我家？

安智从容回记者，好花对月放光华。

不承宿雨朝霞灿，自有诗情日夕夸。

心态阳光生活美，起居整洁运程佳。

注：安智，本名白浩威，华容塌西湖五谷庙人，江湖上人称安智老师。
现在厦门安智信息咨询公司任职。

读 Z 君情感故事

2017 年 5 月 14 日

五载冤家前路茫，心诚哪会两相伤。
回思往事谁能舍？对语青山地可荒。
曾抱伊人温旧梦，今邀明月伴新娘。
情缘天定红丝系？坐错花轿嫁对郎。

读 C 君情感故事

2017 年 6 月 27 日

不是冤家不聚头，聚头总会惹闲愁。
青春故事诗相赠，白发新情意欲留。
共挽鹿车归故里，独邀丽月看神州。
阳光生活遂人愿，戏水玩山晚景悠。

爱女勤耕生日寄赠

2017 年 5 月 7 日

家庭老大姐当哥，弟妹亲情岁月和。

故地清贫身受益，他乡富贵嗓高歌。

夫妻恩爱儿孙孝，男女忠诚客里哦。

半百青春心不老，退休自在揽山河。

喊楼

2017 年 6 月 1 日

高三学子喊楼声，音震云霄虎气腾。

高唱加油能减压，稳操胜券可争能。

十年磨砺牛刀试，两日驰驱金榜登。

学海行舟勤举棹，蟾宫折桂乘长风。

注：下午到福田外国语高级中学，恰逢该校为高考减压而组织全校学生
喊楼，活动气氛热烈，驻足观看，赋诗记趣（此诗用新韵庚）。

读《一路风尘一路歌》，感赠汪荣甲老校长

2013 年 4 月

一路风尘一路歌，八旬老丈种嘉禾。

奢风横溢痼今世，故事直言医重疴。

五秩杏坛培硕李，满庭兰芷竞新科。

清廉品质争传颂，书写人生笑语和。

注释：第一句指该书积极的社会影响。痼，病也；今世，指当今社会。
第二句中的"故事"指《一路风尘一路歌》这本书中的 86 个励志故事。

赞白衣天使

2014 年 5 月 9 日

白衣天使夜连晨，岗位平凡世所尊。

细语轻声温病友，从容稳健注银针。

南丁格尔精神在，中国杏林医德存。

生命奇葩开二度，梨花带雨绽桃唇。

王受益老师八旬寿诞感赋

2013 年春节

一

少年启智拜师尊，王老栽培受益深。

默守杏坛功业在，耕耘巴郡古风存。

黄湖梦境书声朗，沱水岸边花影昏。

高考当年求才将，且扶弟子导新军。

二

福田客住巧成邻，故事人生美亦真。

早岁同耕桑梓地，耆年共叩翰林门。

文章我送公评点，词赋公填我尝闻。

相伴闲暇游后海，追随半世步其尘。

三

八旬寿诞乐天伦，几对文孙建业勋。

玉体安康吟不止，青松未老赋含欣。

烛光熠熠斜阳灿，桃李莘莘雨露恩。

最喜诗歌新问世，文流海内广传人。

刘迪金先生七旬华诞颂

2013 年 5 月

华诞七旬往事悠，人生多彩几风流。

少年军旅经磨炼，壮岁农村解苦愁。

卸甲还乡乡土恋，栽花种果果丰酬。

欣逢盛世夕阳好，喜沐天恩夜梦幽。

赠蔡定炳同事

2014 年 12 月 25 日

墨山东望洞庭波，宝剑心高玄石磨。

茅屋寒窗经岁苦，杏坛春雨历年播。

诗歌韵雅文章美，桃李风华叶影摩。

共勉人生三事重，建功树德立言多。

注：蔡定炳是华容一中语文学科高级教师，墨山人，有诗文集出版。

赠卢孝荣先生

2013 年 4 月

人杰地灵生五谷，上津湖水驭长风。

家乡名望缘公显，书院声隆有尺衡。

法治荆州功业在，情倾百姓鬓霜生。

万邦炊火馨江汉，两袖清风暖古城。

注：卢公孝荣是我华容一中原高 2 班校友，湘鄂边界五谷庙人。卢公为
　　官清正，颇受百姓拥戴。先后任湖北省荆州市委书记、市人大党委
　　会主任、市政协主席。退休后居荆州古城。

悼王明照先生

2017 年 6 月 11 日

一别亲人竹泪淋，音容隐现菩提心。

善行赢得儿孙孝，傲骨修来岁月欣。

仁爱家风传后辈，勤劳品德感乡邻。

如今乘鹤蓬莱去，可列仙班座上宾。

临别题赠严奉炎

2017 年 6 月 21 日

久别重逢友谊彰，三杯酒后话开箱。

渡船故事含酸泪，敬老情怀浮暗香。

自古寒门多俊彦，从来志士最辉煌。

初心不忘为家国，本色犹生万丈光。

注：国家烟草总局财务处长严奉炎设宴为我们钱行。席间讲了个故事。一次步行回家近 30 里拿钱，见母亲那么困难不便开口。回来过渡时身上连三分渡船钱都没有，上岸就跑，遭船家臭骂。大学毕业后他找到船老板，百倍奉还，船老板没要。此后他始终保持农家子弟本色，奋发图强，不忘初心。临别赋诗寄赠。

题《红娘情伤》

2017 年 7 月 4 日

徐娘半老英姿爽，风韵犹存率性真。

梦境依稀相视笑，光阴流逝不留痕。

为谁嫁妁心先醉，读脸含羞色可吞。

情海茫然何处路？红尘欲火也伤人。

无题

2017 年 7 月 10 日

饮马长江发浩歌，红情绿意两相和。

莫嫌老圃秋容淡，蝶恋黄花香更多。

曾庆凯老师退休题赠

2017 年 7 月 9 日

船到码头车到站，年逢花甲即将休。

爹娘何奈门徒哭，桃李无言家长忧。

师德赢来群众敬，杏坛修为世人留。

师生情谊惊天地，束束玫瑰岁晚收。

注：近闻华容一中曾庆凯老师要退休了，他所带班级的学生及家长含泪
　　向学校请求：挽留曾老师把他们教到毕业。在当今社会师生关系常
　　常紧张的今天，尚有如此一幕，这是曾老师的崇高精神赢来的口碑，
　　题诗点赞。

无题

2017 年 7 月 15 日

梦里秋心随远雁，追风帆影到荆州。

高鸣向月冲天鹤，胡隐云层谁共游？

读 C 君情感故事·咫尺天涯

2017 年 7 月 8 日

斯人咫尺若天涯，邂逅无端感岁华。

暮暮欢欣观倩影，朝朝相望定情花。

魂牵梦绕娇莺调，月落风摇玉韵霞。

追到长江同饮马，诗成新卷向君夸。

微信——我的情人

2017 年 8 月 7 日

关山难隔是知音，时刻魂牵唯有君。

脉脉温情谁可舍？绵绵爱意俩相亲。

朝朝叩问心窝暖，暮暮招呼眼底新。

随性聊天欢乐在，愁云消散瑞光临。

悼胡炳先老人

2017 年 8 月 2 日

沱河涌泪白云悲，慈善音容大德垂。

勤勉当官扶社稷，认真做事立声威。

不争名位无私欲，自乐清贫忘我为。

方志文章歌正气，民情笔墨树丰碑。

答友人

2017 年 8 月 18 日

似曾相识有经年，少有往来公务缠。
媒妁缘牵沱岸后，神仙梦醉大江前。
垸乡美誉芳姿绰，文苑清词雅韵妍。
命运抗争昂首步，乘风策马艳阳天。

惜　缘

2017 年 8 月 20 日

欲写相思寄雁笺，心酸无语望窗前。
劝君莫负皇冠约，天赐良缘夜梦安。

注：友人向我倾诉情感生活的烦恼，闻后赋诗相劝。

无题

2017 年 8 月 22 日

犹想江边事耦耕，一闻离别忍吞声。
旅途欢乐人安好？欲把秋思寄雁程。

赠 友 人

2017 年 9 月 13 日

黄湖一别已牵愁，君在天涯海月秋
万里长空横雁字，平安遥寄客途收

陪酒有寄

2017 年 10 月 17 日

陈坛佳酿味绵长，爱侣情深饮寿觞。

国酒才郎添喜色，蔡门倩妹醉琼浆。

女吟雅韵流芳远，士带清声过径香。

万里春风梅二度，福田可种到天荒。

注：今天中午和蔡定炳老师参加两位退休男女的见面酒，赋诗祝有情人
早成眷属。

赠陈爱国老师

2017 年 10 月 27 日

春风得意放情歌，四座皆惊击节和。

食客闲听多赞许，诗翁落座好吟哦。

先生捧出心花献，女士归来桃色奢。

但愿人间都有爱，随缘可种一池荷。

题《梅鹤图》寄友

2017 年 11 月 25 日

一

春风吹上花枝，二度梅开此时。

屏镜芳姿吐艳，牵谁无限相思？

二

妆台春色凝眸，鹤影红衣惹愁。

倦起慵梳雾鬓，回思梦里风流。

三

两情相悦安好，一梦清香远流。

雪羽欢摇岁月，梅花笑照神州。

答友人

2017 年 11 月 15 日

电话铃牵竹马郎，少年故事入诗囊。

风霜岁月催人老，一路春光向夕阳。

注：夜接好友董煜明兄电话有寄。

题《对饮图》

2017 年 11 月 12 日

一

梅开二度灿云霞，玉树临风绽碧芽。

对饮甘醇添醉意，春腮初放小桃花。

二

暗送秋波醉女郎，梅花香溢满庭芳。

楚王酒后阳台梦，惹得巫山云雨狂。

题《婚车图》

2017 年 11 月 22 日

一

婚车一路风光，小雪迎来吉祥。

梅蕊含香吐艳，诗心灼亮红妆。

二

嫁衣绿配深红，艳重香多黛浓。

玉洁冰清悦目，桃花引领春风。

三

清晨路过梅村，小雪欣逢洛神。

欲写春诗一段，谁知可寄何人？

注：早起遇婚车偶成。

题丽江祥云瑞彩图

2017 年 11 月 27 日

谁给丽江添彩霞？银棉朵朵放光华。
词穷难状天然色，意淡休描白雪纱。
变幻多姿祥梦景，春秋不老玉龙茶。
云南粉黛何神泼，缥缈仙姿岁月花。

注：今日，即辛酉九月二十九日，丽江天空现祥云瑞彩，题诗相记。

二女勤耘生日寄赠

2017 年 12 月 13 日

年逢四八新运，月入三千美金。
生意通江达海，平安岁岁光临。

悼余光中老先生

2017 年 12 月 14 日

余老乡愁一世牵，台湾大陆两相连。

诗人漂泊经年苦，游子归来几许闲？

未见江山归一统，别离汨水写千篇。

等身著作传佳话，德艺双馨暖九原。

李哲高亚会新婚题赠

2017 年 12 月 15 日

李白桃红春讯早，哲人把盏庆芳辰。

高天暖气闲敲月，亚太和风喜拂门。

会说洋文心报国，新醅红酒爱加温。

婚姻本是情相守，乐活百年长寿身。

注：华容一中女教师高亚会，英语硕士文凭，今日与李哲喜结连理。赋
诗祝贺。

迎新年同题唱和·七绝三首

分韵"梦"

蓝水河边怀揣梦，吟笺总把天香弄。

诗心不老吐新声，得意春风谁与共？

分韵"之"

金鸡唱罢且由之，犬守财门值岗时。

又是一年春景好，平安夜里有新词。

分韵"蓝"

义犬巡天天更蓝，青山绿水子孙安。

不图近利家园美，过度樵薪断灶烟。

儿时年味

2018 年 2 月 13 日

梦忆儿时年味新，花灯鞭炮庆芳辰。

秧歌扭起翻身曲，锣鼓敲开解放门。

万里河山添锦绣，无边风月迓龙神。

清晨结队挨家拜，竹马骑来满院春。

注：此诗为步韵奉和陈荣权老师《犬年迎新曲》。

题朝圣图

2018 年 3 月 10 日

灿灿春阳照祝融，君攀绝顶酌仙风。
云开雾散光明景，叩得平安运自通。

谢池春

2018 年 3 月 24 日

蓝社时光，老少一堂同座。静心听、谢公讲课。
千年平水，贯灵泉浇我。望荧屏、热情如火。

弘扬国学，解了奥深枷锁。竞风流，争相唱和。
航船安稳，有高人操舵。夕阳红、满舱佳作。

注：此诗为步韵谢志平河长《春分日会见蓝水河长沙分舵诗友》，作于鹏城。

谢石首文艺群张斌来访

2018 年 3 月 26 日

得意春风拂柳丝，园迎贵客喜滋滋。
微群朋友寒门访，石首文青闹市辞。
自信人间情可久。谁知案上韵来迟。
诗词联谊长相守，我把忠诚落墨池。

赠杨铭俊诗友

2018 年 2 月 28 日

艺苑耕耘年复年，原来写手在民间。
洞庭诗社刊佳作，岳麓文坛有美篇。
岁近稀龄春不老，花开秋圃色尤鲜。
吟笺五百堪传世，欲与名家一比肩。

赠诗友

2018 年 3 月 23 日

一别风寒枕上纱，相思最怕隔天涯。

心波突起惊高浪，音信难通意似麻。

三八节赠北大深圳医院女医护群体

2018 年 3 月 8 日

莲花山下木棉红，溢彩流霞映远空。

巾帼英雄豪气在，白衣天使暖风融。

平凡岗位青春美，诗意人生岁月浓。

大爱无边天地阔，忠心赤胆染苍穹。

《绣林》复刊寄赠

2018 年 4 月 3 日

三国纷争重绣林，千秋历史说联姻。

刘郎故事传佳话，石首文人奏鹤琴。

问世新刊香扑面，逢春野径柳垂荫。

东风再借烧红火，煮酒陈坛热赤心。

遵陈荣权老师嘱
次和李文朝将军《戊戌咏春》

2018 年 2 月 12 日

岁月峥嵘乐此身，纵观戊戌两回轮。

江山自古尊豪杰，社稷从来远小人。

黎庶同圆强国梦，神州共醉富民春。

东风得意梅三弄，和乐家园气象新。

平成斌先生《诗苑寻梦》出版感言

2018 年 5 月 26 日

蓝河碧水吐芳莲，气爽风清聚哲贤。
艺海扬帆奔日月，诗山策马走云天。
馨香惹蝶新笺上，韵味撩人旧事前。
借得唐时诸葛笔，辉煌再造意缠绵。

步韵蓝水河《夏日感怀》

2018 年 6 月 28 日

盛夏高天烧灼热，月圆月缺月如梭。
心中有梦琴三弄，笔底生花韵几何？
彻夜难寻凉爽地，方家酬唱欲登科。
蓝河好酒和诗煮，酷暑焦肠醉得么？

诗友赐玉（共十一首）

读《贺宜志诗词三百首》

欧阳砥柱

2015 年 9 月 17 日

拜读大作，深为感动。两年三百首，且格律工稳，词句清丽，视野开阔，意蕴深长，非常人所能及也。谨题一绝，以表敬佩之情。

向夕吟哦莫道迟，寻词觅句世云痴。

君心一拨知风雅，撷入囊中即好诗。

注：欧阳砥柱，华容一中原校长，中学高级语文教师。岳阳市教育科学研究所原所长。

读《贺宜志诗词三百首》有感

杨铭俊

2017 年 5 月 16 日

杏雨滋兰攀绝顶，黉门教学上层台。

心中玉韵倾情赋，纸上珠玑信手裁。

艺彩文风生雅趣，催春妙笔咏花开。

遐年爱好心相近，愧我诗难媲俊才。

注：杨铭俊，岳麓诗社社员。

读《贺宜志诗词三百首》

李旭念

2017 年 6 月 10 日

黄湖毓秀孕诗翁，皓首研经寸寸功。

咏叹词斟揽胜境，吟哦字酌拂清风。

山河锦绣画图展，家国和谐胸臆通。

李杜文章新一曲，苏辛遗墨卷笺中。

注：李旭念，华容县怀乡中学中学高级教师，已退休。

和《乡友聚会记》原韵春会

段福林

2017 年 3 月 16 日

谁把湖山点缀新？东风含笑问花神。

燕莺怯舞还相语，草木含羞试探春。

世纪高楼呈画意，众香国内寄吟身。

姚黄魏紫添颜色，满眼繁华展笑颦。

注：段福林，岳阳市教育局退休干部。

和贺宜志先生谈诗

杨铭俊

2017 年 5 月 20 日

墨海书山自作痴，文坛艺苑晚来迟。

才疏屡慕行空马，学浅长怀李杜诗。

刺股悬梁寻破茧，囊萤映雪梦抽丝。

抛砖引玉含羞愧，久立程门我拜师。

读贺老《小雪大雪寄怀》

李新波

2017 年 3 月 10 日

木横狭路雪欺枝，梅吐春心落砚池。

玉影冰晶温旧梦，银装素裹写新词。

寒流滚滚松摇骨，白雪纷纷竹秀姿。

唯有孤洲蓑笠客，提壶独钓夜归迟。

注：李新波系华容教师进修学校退休的高级教师。中国文化学会《感动
　　中国文化人物》画册副主编。

题赠唱酬

步贺宜志诗翁秋宵感赋

高尚久

2017 年 9 月 20 日

时近秋分不觉凉，校园美景更添香。

挑灯学子吸甘露，卸犁耕牛入梦乡。

沱水钟灵长揽胜，湖山毓秀永生光。

诗人雅兴淋漓致，尽写黉堂郁郁苍。

注：高尚久，中学高级教师，常有诗词发表在《蓝水河诗词微刊》。

贺宜志诗翁写意

徐启华

2017 年 10 月 27 日

一

红楼绿树碧云天，槛外青山淡似烟。

喜把南熏讴盛世。归田野老变诗仙。

二

鸡叫四更犹未眠，银河隐隐隔窗帘。

心怜牛女入幽梦，一树诗花绽枕边。

三

新村十里步当车，随向锦囊藏物华。

归去好将诗酿酒，醇香散作满天霞。

注：徐启华，湖南省作协会员，华容一中退休语文高级教师。

读《贺宜志诗词选粹》感题
蔡均瑞

2018 年 1 月 9 日

探索诗文未几春， 吟哦万象颂佳音。

风花雪月情思袅， 喜怨哀愁感悟真。

韵律推敲恒鉴古， 精华点缀屡翻新。

黉门练就珠玑笔， 告慰知章启后昆。

注：蔡均瑞，华容县水利局退休干部。

原韵奉和贺宜志先生《初伏感赋》
蔡勋建

2018 年 7 月 19 日

寰宇发烧暑日蒸， 攀墙山虎举苍藤。

韦编当用裁诗剪， 纂拟诚如铁脚僧。

每效苏辛摇雪首， 常拿纸笔伴黄灯。

井台麻绠谁言老， 一旦凌云缚鹞鹰。

注：蔡勋建，中国作家协会会员，散文家，华容县作协原主席。

次和贺宜志先生《人生感悟》

陈荣权

2018 年 8 月 15 日

坎坷人生一路歌，辛酸苦辣九流河。

弹冠寒暑山川暗，亮剑风霜日月磨。

争辩是非曾历劫，看轻得失亦抛梭。

满腔热血兴诗社，四海嘤鸣唱和多。

注：陈荣权，湖北省语文特级教师，当阳市长坂坡诗联学会会长，当代实力派诗人。已出版《实用对韵词林》《常用词谱及其创作》《霞窗诗稿》《义门诗钞》《西湾诗草》等多部著作。

诗书感悟

诗到无题见笔工

2015 年 11 月 12 日

艺苑耕耘秋复冬，清词写意艺难穷。
花为鲜艳争春色，诗到无题见笔工。

读《宋词纪事》

2015 年 11 月 25 日

中华国学妙文传，媲美唐诗宇内欢。
重辑原章勘佚事，尽依史籍证流源。
旗亭画壁千秋绝，古韵新风一代先。
觅得宋词书几卷，漫游学海枕霜眠。

注：《宋词纪事》系唐圭璋编著。

读《老了也要谈场恋爱》

2015 年 11 月 27 日

老了无须太自卑，修身养性献余晖。

心无杂念追斜日，肠吐情诗欲寄谁？

快与人生谈恋爱，莫教岁月枉轮回。

儿孙自立闲书乐，时有新欢字影随。

注：读前天广州《老人报》徐红波文章而赋。

读《唐诗纪事》

2015 年 12 月 8 日

唐诗纪事补天功，挟电掀雷气势宏。

辑撰名家千百号，保存史籍一枝荣。

残篇遗墨周游得，全璧成书约略同。

一册留床听逸韵，依稀往梦似曾通。

注：《唐诗纪事》系宋人计有功辑撰。寻访采集唐代 300 年间文集、杂
说、传记、遗史、碑记、石刻，下至一联一句，收录诗人 1150 家，
编纂 81 卷传世。

学诗感悟

2015 年 12 月 28 日

学韵三年初入境，仙山御苑探花香。

寻词摘句霜铺路，摸石过河月满江。

麻袋绣花惭劣布，残签写意觅华章。

诗心只问檐前水，点滴功夫漫透墙。

咏桃园义士

2016 年 3 月 4 日

桃园义字薄云天，三国首推关羽贤。

捉放曹操千古颂，效忠刘备万年传。

张飞礼士严颜降，皇叔遗孤社稷安。

历代江山多故事，中华自古义为先。

注：读《华容手机报》报李春阳的华容道故事，得题而赋。

清闲生活

2016 年 3 月 15 日

未启茅台心已醉，才沏龙井室添香。
退休生活清闲乐，时捧诗书入梦乡。

观电视剧《傻春》

2016 年 3 月 25 日

傻春不傻挺机灵，舍己为人肝胆倾。
弟妹无知劳作苦，炎凉世态梦魂惊。
特殊年代牛棚住，反动家庭地位轻。
守得云开终见日，艰难岁月贵真情。

健康生活胜金山

2016 年 3 月 30 日

古稀老丈酒微酣，不禁风吹咳带痰。
长夜无眠吟疾苦，一朝染恙进餐难。
平时练足常夸乐，近日医床更畏寒。
患病尤知身体贵，健康生活胜金山。

诗催人老

2016 年 4 月 8 日

诗为何物催人老，一字一词穷考究。
韵醉沱江休照影，恐惊霜雪到翁头。

诗迷

2016 年 5 月 14 日

学韵痴迷魂梦催，选词敲句月侵帷。
花因霜重难舒眼，翁说诗多易展眉。

诗若情人

2016 年 5 月 18 日

诗若情人赴会迟，春更隐隐夜相思。
个中愁绪凭谁诉？只问妆台明镜知。

电视剧《彭德怀元帅》观后感

2016 年 5 月 27 日

平江起义铸军魂，奔赴井冈刀有神。

赤胆忠心昭日月，横刀立马炼金身。

长征路上拼生死，直谏宫中含气贞。

青史永垂功业在，江山千古一昆仑。

善报

2016 年 6 月 1 日

光绪年间故事真，人间善报一奇闻。

贾生收账丢银哭，义某从商把本吞。

老板差奴跟"罪犯"，茶楼拾袋错凶辰。

钱归原主三方笑，诚信赢来二月婚。

注：光绪年间，江苏人贾生为洋行老板收账，在十六铺茶社丢失 1800 银圆，欲寻短路。生意亏本的义某来茶社解闷，拾得钱袋，因坐等失主到黄昏而误了乘船时辰。该班航船恰遇风浪，一船人丧生，义某因此反而躲过灾难。后义某被老板招为上门女婿，成就一段佳话。

善果

2016 年 6 月 3 日

因果轮回故事扬，少年落水老人匡。

良心施救休财礼，善意相帮培栋梁。

快乐农民圆梦想，传奇首相得灵光。

世间多少真情动，福往福来千载香。

注：百年前，英国一农民救了一落水少年。少年的父亲厚礼相谢被拒，后资助该农民的儿子去伦敦深造，其子后获得诺贝尔医学奖——他就是青霉素的发明者亚历山大·弗莱明。那名落水少年在第二次世界大战中染上肺炎，靠青霉素救命，他就是后来的英国首相丘吉尔。在别人需要帮助时应互伸援手，即播下善种。

读《耿飚之问》

2016 年 6 月 5 日

当年违纪律当诛，群众同呈救命书。

都说士兵非劣种，齐夸干部是公仆。

州官今犯违章事，百姓还能求赦乎？

执政为民匡正义，党群关系自然殊。

注：原国防部长耿飚 1991 年回到陕甘宁陇东抗战时的 385 旅驻地视察，晚饭后来了黑压压一群人，状告当地干部的恶行不肯离去。耿飚招来省市县地方干部谈话，讲了一个故事。当年一个战士损害群众利益按军纪当诛而百姓跪地求情，该战士因此被赦。然后耿飚问：如今你们犯事，还有人为你求情吗？众人无语。

观《天涯浴血》

2016 年 6 月 30 日

浴血天涯几十年，琼崖革命火薪传。

敌兵进剿家园毁，百娃支援意志坚。

女子从军豪气爽，男儿报国热心捐。

千难万险寻明路，七一红旗猎猎欢。

注：在建党 95 周年之际，中央一台黄金档播出优秀电视剧《天涯浴血》，有感而赋。

点赞凤凰人

2016 年 7 月 1 日

每天必看凤凰人，首选新闻觉语真。

横揭弊端非假话，直言时政是忠箴。

坚持正义培根本，守住良心找窍门。

绅士名声雷贯耳，勋章获得紫荆芬。

注：今闻凤凰卫视董事局主席、行政总裁太平绅士刘长乐获颁金紫荆星章感赋。

读蓝水河《诗词微刊》

2016 年 7 月 3 日

诗词高手在民间，一往无前岂等闲。
初探微刊窥阆苑，聆听韶韵醒灵泉。
乘风破浪追帆影，摘句寻章策马鞭。
请得文星前引路，痴心逐梦寄云笺。

注：近见华容一中徐启华老师发来的《诗词微刊》，倍觉新鲜，赋诗点赞。

缘结西湖白鹭洲

2016 年 9 月 8 日

滟潋霞光一鉴收，金秋银浪皱心头。
波吞夕照凉风起，身倚桥栏瘦影留。
七十三龄人有坎，一胸半水命沉泅。
回春治病修身性，缘结西湖白鹭洲。

注：今年我 73 岁。7 月 6 日我到深圳，约一周后身体不适，低热不退，
不思饮食，打针吃药无效。后在深圳中医院住院，CT 检查发现是
胸腔积液。8 月 1 日转湖南胸科医院。经过医护人员一个多月的诊
断性治疗，积水控制，我的病情有好转。于 9 月 8 日出院。住院期
间我每天傍晚都在西湖修身养性。人生大事，赋诗记录。

初冬抒怀

2016 年 11 月 8 日

立冬节至酒频斟，暮雨萧萧洗醉尘。
北国天寒风舞雪，南疆日丽木逢春。
诗心追梦蟾宫近，梅蕊多情峭壁伸。
探路书山移碎步，愿将新韵付晨昏。

老年感悟

2016 年 11 月 12 日

疾病侵身子女忙，南来北往守医床。
阳光心态如良药，明月情怀是妙方。
积善人家余庆有，不仁那客总贻殃。
老来勿给儿添乱，岁月祥和淡亦芳。

感恩节

2016 年 11 月 24 日

中华民族礼仪邦，最重良知道德长。

跪乳羔羊教后代，报恩鸦雀唱茶坊。

人间自有真情在，江海情深慈善扬。

天地风清扶正气，感恩节里孝心彰。

注：每年 11 月第四个星期四是感恩节。

读《章台诗词》感赋

2016 年 12 月 27 日

盛世文坛万象春，章台诗社隐高人。

唐风宋韵余音在，陈调新声妙语珍。

捧读清词心敞亮，漫游艺苑步留痕。

迷津尚有良师点，策马云山梦可真。

自 寿

2017 年 2 月 13 日

新春佳节庆生辰，一世平凡性率真。
往事回思无愧色，前途展望有祥氛。
遐年七四神光照，诗韵一千功业存。
坎过身心康且乐，阖家和美沐天恩。

情人节里说情人

2017 年 2 月 14 日

情人节里说情人，平淡夫妻更是真。
吃苦同甘耘菜土，和衷共济踏霜痕。
忠贞不变中华德，勤俭和谐民族魂。
相互扶持桑梓晚，天荒地老到终身。

感悟人生

2017 年 2 月 21 日

积怨消祛锦绣重，宽容大度乐无穷。

沉忧往事千端集，过眼云烟一笑空。

岁月流光人易老，青山依旧木枯荣。

世间万物皆思变，水绕山环路自通。

谒黎状元墓

2017 年 2 月 25 日

肃然伫立状元亭，爆竹诗牵报国情。

策论科场登御榜，纵横宦海负芳名。

治家严谨门庭显，为政忠诚宇内宁。

落叶归根埋故土，长留浩气满山陵。

读《晨光心语》感赋

2017 年 3 月 2 日

晨光心语是真经，此等禅言价万金。

人治依规祛恶习，行为合法变良民。

心无杂念清平亮，花有阳光艳丽馨。

最高境界修心重，三修参透世人钦。

注：今读季柏新同志在朋友圈发的徐晨光教授《晨光心语·修心为重》文章，谈修行、修性、修心的辩证关系。字字真经，句句感人，赋诗记怀。

读周海《花事四则》

2017 年 3 月 4 日

神州艺苑百花妍，四季花开现眼帘。

春有红梅争艳色，夏摇荷韵荡清涟。

秋扶丛菊东篱笑，冬看水仙冰岸鲜。

茉莉含香春梦醉，月移花影入诗笺。

注：该文刊载于《长江艺文》。

3月5日寄青春

2017 年 3 月 5 日

青春榜样是雷锋，奉献精神众所称。
但若人人都有爱，风清气正紫云腾。

退职闲人

2017 年 3 月 10 日

退职闲人逛四方，看山看水看斜阳。
只修自己心安静，莫说他人事短长。
风雨无承云淡定，禅机参透善行彰。
随缘种得莲池绿，传递慈恩沐瑞光。

追求进步益终身

2017 年 3 月 13 日

向前一步是高人，天道酬勤梦可真。

智慧提升凭毅力，成功获得靠精神。

世间凡事皆依律，山外他山总是春。

落后常因骄字闹，追求进步益终身。

注：今读徐晨光《晨光心语·向前跨一步》感赋。

严是爱 宽是害

2017 年 3 月 16 日

惯养娇生种祸胎，家庭溺爱是悲哀。

世间多少英雄出，云路千重自己开。

祖训家规兴社稷，耳提面命育贤才。

若能悟得宽严理，稳立潮头族不衰。

注：今读徐晨光《晨光心语·严是爱宽是害》，感赋。

读高开红情感故事《殷殷手足情》

2017 年 3 月 19 日

读罢殷殷手足情，沉思凝望满天星。

青葱岁月艰辛路，苦难童年雪照营。

自古寒门生淑女，而今雅室出精英。

同胞牵手随行远，他日相逢夜语清。

注：高开红是华容一中高级语文教师。

入中华诗词学会

2017 年 3 月 23 日

诗词学会圣门开，接纳村翁入殿来。

消息传来疑是梦，铃声唤醒醉萦怀。

自惭文笔功夫浅，肠吐心花喜泪筛。

虽过稀年人不老，敢将点墨寄吟台。

注：上午，朱培高先生给我报喜说：中华诗词学会正式批准我入会了。
    昨夜恰得一梦，好梦成真，赋诗咏怀。

故事里面悟人生

2017 年 4 月 8 日

人生故事悟人生，美妙文章哲语诚。

朋友勤挣千万贯，病身饮食半瓢羹。

三餐吃饱叫生活，一世无忧住福城。

名利思多烦恼重，想通百事得长庚。

注：今读《晨光心语》，感赋。

劝感恩

2017 年 4 月 11 日

父母含辛养汝身，老师教导跳龙门。

天时变幻风云淡，命运无常烟雨深。

滴水恩情泉涌报，善心故事月能分。

知恩重义天相助，得意人生梦可真。

注：今读《晨光心语 · 感谢帮过自己的人》一文。文章字字真金，句
句感人，得题而赋。

读李琦《变老的时候》

2016 年 6 月 8 日

变老之时要变好，犹如焰火耀长空。
来途回望心平静，归影谦和岱自崇。
垂落幕帷丝竹远，静修人品玉光融。
纯真永驻童颜在，声色轮回天地中。

枕上听诗

2016 年 5 月 30 日

终日贪书未出厅，不知户外几峰青。
星光月影床前落，诗海涛声枕上听。

题晨光图

2017 年 3 月 3 日

旭日东升五岳雄，朝霞万道染苍穹。

晨光欲借天宫露，情暖三湘桃李秾。

注：因徐晨光的微信头像，有感而发。

读《鹰的重生》感赋

2017 年 5 月 10 日

老鹰寿命几多春，四十年龄必转身。

断喙拔毛敲指爪，飞天展翅问星辰。

翱翔沧海雄风在，博弈青山浩气存。

万物重生皆痛苦，内心强大可超人。

遇事心平路也平

2017 年 5 月 27 日

凡事都要凭预约，智能机柜是精灵。

青春远足票先定，白发还乡店自迎。

看病曾经无约号，就医难怪没呼名。

从头学得新知识，遇事心平路也平。

注：最近耳聋牙痛，几次早起去北大医院站队挂号无果而无端烦恼，现在医院好多科室都取消人工挂号了，什么事都凭智能网络预约，包括出行订票订餐订宿。感慨老年人不更新知识，不调整心态就寸步难行。

品读《斯人斯语》

2017 年 5 月 23 日

《斯人斯语》文清妙，笔吐莲花性率真。

如画如诗回味久，看星看月感怀深。

栏中偷得方家艺，梦里欲敲唐宋门。

点墨成金堪赞赏，无边风月四时春。

注：《斯人斯语》是深圳特区报副刊人文天地中的专题栏目，作者斯尔然是文学博士。我自 2013 年始学诗词，就爱上了他的散文。只要我人在深圳，每天必找这个栏目阅读。这次等了十多天，今天才读到他的立夏散文。我与他从未谋面。如今我加入了中华诗词学会。回想起曾经的好多诗，是从他散文中获得灵感，对这段文字情缘，赋诗表感谢之情。

学诗自诚

2013 年 10 月 6 日

韵因诗押音清妙，文以情生句自佳。

有感吟哦词律美，无疴叹咏调声差。

书山攀顶足勤练，学海行舟桨力划。

诗债身背三百首，晚年岂敢半时暇。

读《浮生六记》

2013 年 11 月 10 日

古典散文润涸肠，《浮生六记》渴为浆。

人崇小说红楼梦，我敬奇书姊妹芳。

不刻不雕璞玉美，求真求善淡容妆。

爱情故事千千万，最是芸娘韵味长。

注：近读沈复原著，张诗群译著的《浮生六记》，如痴如醉，神会芸娘。此书真乃《红楼梦》姊妹篇也，中华古典散文竟然如此之美，叹服而吟。

读《千秋叩问》

2013 年 11 月 12 日

零编片简石碑残，叩问千秋山水边。

历史天空多少事？散文星汉几回源。

纳兰性德词心苦，隐士子陵滩上寒。

笔墨春秋天下景，风烟滚滚客闲观。

注：再读《千秋叩问》（王充闾著），更觉视野宽阔，该书博大深沉，
是不可多得的历史文化大散文。

诗歌蛇年

2013 年 12 月 27 日

为诗学步在蛇年，今韵新收一百篇。

墨到空时方窃艺，情通真处急书笺。

柳营老骥思疆域，词社新兵恋砚田。

马啸南疆音律动，儒歌晚唱夕阳天。

读《断肠集》

2014 年 6 月 30 日

闲品诗词话淑贞，宋时才女世居尊。

一词人约黄昏后，千古名扬风雅存。

捧读断肠诗一集，悲怜知己泪千痕。

平生心血焚香炬，叹有余篇慰梦魂。

读《人间词话》感赋

2013 年 11 月 1 日

中西经典导航灯，巨匠平生血写成。

"境界""诗心"新意出，美学理论世人承。

文章千古推谁妙？标尺三竿度可衡。

词海晚游凭借力，诗山立马望奇峰。

注：捧读一代国学巨匠王国维先生所著的《人间词话》（宋楚明注）鉴
赏，感慨而赋。

咏《随园诗话》

2013 年 9 月 14 日

欣读《随园诗话》集，深知天外几重天。

册中律句千家造，卷内佳联万口传。

韵润饥肠甘味出，诗生残砚苦辛咽。

好书共与知音品，邀月吟哦自醉颠。

读《金诗纪事》

2013 年 10 月 21 日

金代风云送雅书，江山自古重鸿儒。

完颜折戟雄风在，沧海成田霸气逋。

一代词清进士笔，几宫禅韵祖师锄。

吴山遍野泉林果，诗性灵根佛影蔬。

注：近读陈衍辑撰、王庆生增订的《金诗纪事》，爱不释手。金代诗人
多出自科考，也有不少诗作出自高僧之手，禅韵流溢。诗如泉林野果，
草根园蔬，新鲜自然。

读六尺巷故事感赋

2014 年 11 月 21 日

桐城六尺巷名扬，千古人文故事香。

近代儒臣风度在，今朝邻里夜声忙。

正心律己当官道，肃纪纠风定国纲。

德法相依安治久，权为民用口碑芳。

注：史载，张文端公居宅旁有隙地，与吴氏邻，吴氏越用之。家人驰书
于都，公批诗于后寄回，云："一纸书来只为墙，让他三尺又何妨。
长城万里今犹在，不见当年秦始皇。"家人得书，遂撤让三尺，吴
氏感其义，亦退让三尺，故六尺巷遂以为名焉。

读《清诗纪事初编》

2014 年 12 月 23 日

冷雨霜风文史编，清初故事集新篇。

山河有恨人倾诉，花鸟添悲泪暗弹。

水旱连连黎庶死，硝烟滚滚虎狼残。

以诗证史真情露，多是民间疾苦笺。

注：《清诗纪事初编》为已故北大教授邓之诚撰，收录作者 600 余人，
采诗 2000 余首，反映清初前 80 年的人文时事。有很多诗不拘一格，
但真情流露。

半桶清汤醉夕阳

2015 年 1 月 11 日

诗债快还三百首，一年辛苦一年忙。

个中滋味谁明白？镜里酸甜发染霜。

筑梦奈何年岁晚，读书有益月光长。

五更起韵灵泉热，半桶清汤醉夕阳。

注：2013 年春节始，70 岁的我开始自学诗词。历时两年，个中滋味有谁知？只有半桶水的我，喜欢自醉自乐，打发时光而已！

读封面字图趣咏

2015 年 1 月 13 日

自生池畔蔓藤牵，叶茂花繁色韵鲜。

绿架垂瓜频动影，黄鹂展翅舞蹁跹。

阳光雨露精华聚，冰雪风霜世味谙。

满腹经纶材可用，墨魂香染润新篇。

注：昨天在微信中，收到聂尚武同志为我的诗词集题字的小样图，读后而赋。聂系我华容一中同事，是中国音乐家协会会员，中国书画研究院理事、研究员，湖南省作家协会、书法家协会会员。

老来乐事

2017 年 8 月 29 日

老来乐事走天涯，玩水游山看晚霞。
访胜探幽寻妙境，登高望远赏奇花。
诗成一首追千里，韵动三乡和万家。
心有余怀身尚健，情无杂念梦犹华。

白露咏怀

2017 年 9 月 7 日

一场秋雨添凉意，白露为霜枫叶丹。
五彩斑斓风景异，千山浪漫水云欢。
天涯奔走寻真句，往事淹留落砚田。
诗写人生心自醉，吟坛岁月笔犹酣。

秋宵感赋

2017 年 9 月 16 日

月朗星疏天渐凉，书窗桂蕊送幽香。
更阑人静吟新句，梦好身闲牵故乡。
学府钟声敲曙色，黄湖桃李醉秋光。
诗心不老余温在，何惧霜凌鬓已苍。

秋分闲吟

2017 年 9 月 21 日

花艳春天果艳秋，秋分带雨迓丰收。
网间私语红尘醉，案上清诗物外游。
岁月冰霜须渐染，神州笔墨韵长流。
他山笑看行云淡，沧海闲听浪拍舟。

世间万象总牵诗

2017 年 9 月 28 日

世间万象总牵诗，探觅诗魂我若痴。
苦辣酸甜熬好句，风花雪月煮芳词。
看山走马登高望，问水行舟入梦思。
寻得吟笺千百首，归来醉酒两三卮。

读《凭阑人·题曹云西翁赠妓小画》

2017 年 9 月 27 日

谁写江南一段秋，清新淡雅色横流

欲牵枫海高天月，妆点钱塘苏小楼

风采依然神韵在，楚山无际泪痕留

借来多少清河水，难洗青楼恨与愁

附：

凭阑人·题曹云西翁赠妓小画

邵亨贞

谁写江南一段秋，

妆点钱塘苏小楼。

楼中多少愁，

楚山无尽头。

步韵《谁写江南一段秋》

2017 年 9 月 25 日

一

谁写江南一段秋，诗花怒放笔难收。

如歌往事心田醉，有梦人生翰墨流。

枕上相思牵故土，空中雁语说乡愁。

经霜枫叶妆山艳，对月吟哦淡韵悠。

二

诗山策马望云楼，谁写江南一段秋。

词与丹枫争艳色，韵邀明月结朋俦。

吟坛梦逐三千里，醉笔花香五大洲。

不老童心春永在，天涯闲走学沙鸥。

三

枫林诗境唐人画，艺苑攀登金字塔。

谁写江南一段秋，情倾洪泽三河闸。

书山万里披湘绸，墨浪千重穿楚峡。

水洗灵根禅韵悠，中原逐鹿谁争霸。

四

浩瀚洞庭帆影稠，游人涌上岳阳楼。

棹讴湖水千年曲，谁写江南一段秋。

湿地芦花风劝舞，君山妃子梦牵愁。

诗心只问南飞雁，可把吟笺带五洲。

五

桂蕊多情香翰墨，一笺更比一笺绝。

远方诗梦几时休，关外黄花千里别。

谁写江南一段秋，长吟塞北三更月。

灵根再润玉芽抽，赛马云山频报捷。

六

青山不老水长流，风月无边笔尽收。

桑梓浓情乡韵在，烟茶淡酒鹤声悠。

攀登绝顶三千丈，欲写江南一段秋。

好景天成无属主，清闲自可远方游。

七

五更漏尽曙临牖，山外烟腾云出岫。

过眼虫飞若带愁，长空雁寄相思豆。

清闲岁月德行修，静好时光斜照旧。

谁写江南一段秋，吟才可许增三斗。

八

世事无常不必忧，红尘寂寞望钟楼。

平安岁月禅音妙，快乐时光醉梦悠。

桂菊添香风送爽，松云有影韵清流。

登高眺望乡愁远，欲写江南一段秋。

注：此诗用醉八仙体。

读江南春梦图

2017 年 10 月 18 日

春满江南烟雨茫，轻摇红伞袖添香。

旭阳灿灿芳姿逸，杨柳依依荫叶凉。

四月天风吹妙曲，五更夜雾锁鸳窗。

相思梦里良宵怨，如此多情我怕伤。

读江河《液体之火》

2017 年 10 月 19 日

琼浆玉液火苗蹿，过饮成颠醉欲仙。

喜乐哀愁谁可解，春花秋月自缠绵。

成全壮士千秋梦，步履红尘半世酣。

五斗解醒新故事，诗情烧热夕阳天。

读《君为巾帼雄》

2017 年 11 月 2 日

巾帼英雄君可夸，梅兰丽质竞芳华。

慧中秀外争春色，字里行间吐艳葩。

绰约风姿诗意溢，温良恭俭德操佳。

相思梦里谁牵手，一吻清风醉晚霞。

《用"情"筑牢生活的基础》有寄

2017 年 11 月 30 日

生存基础凭何筑？成败皆牵特有神。

欢乐门庭沉醉重，和谐社会感恩深。

赤诚回报家和国，诗韵吟哦月与人。

融融暖意春风拂，大爱无疆情是真。

注：今读《晨光心语·用"情"筑空牢生活的基础》，感赋。

仙吕·醉中天·
《贺宜志诗词选粹》定稿

2018 年 5 月 29 日

天际云霞动，案畔夕阳红。
月光匆匆如流水，转眼霜丝弄。
暮岁从容探韵海，了却痴梦。
诗书有价不言穷。

步韵李商隐《锦瑟》观石首
文艺群团山采风

2018 年 7 月 7 日

锦瑟轻弹奏雅弦，团山白鹭庆丰年。
心随采访撩花眼，诗有追求艳杜鹃。
黑糯飘香黎庶梦，清风入韵雨湖烟。
农村渐富人安好，我在江湖自释然。

杏坛春雨梦堪忧

2018 年 7 月 13 日

殴师事件几时休？道德良心长毒瘤。

惩戒蒙童遭暴打，栽培学子欲何求。

管娃放弃悲哀重，挽救危机信仰谋。

民族兴衰人为本，杏坛春雨梦堪忧。

注：读《人民日报》微评《殴打老师何时休》感赋。

初伏感赋

2018 年 7 月 17 日

初伏来临暑气蒸，犬寻绿地卧青藤。

火风灼熟田家稻，花雨映红山寺僧。

心底诗笺翻热浪，床头样稿闪霓灯。

人逢喜事精神爽，吹破牛皮追老鹰。

注：今天进初伏，出版社编辑胡萍女士微信告之《贺宜志诗词选粹》编
校顺利，得题而赋。

人生感悟

2018 年 8 月 12 日

风雨人生砺志歌，艰难痛楚汇成河。
高堂早别童心苦，陋室常将野菜磨。
付出青春传正道，退休岁月弄金梭，
欲成诗锦千般色，求和吟朋雅韵多。

黄龙洞寄情

2018 年 8 月 27 日

天下奇观谁见多，黄龙洞隐小山河。
金风玉露迎骚客，流水高山弹恋歌。
醉意飘来清句落，真情约得竹枝哦。
诗心欲借神仙府，好度春秋气象和。

读团山采风美文感赋

2018 年 8 月 27 日

浪漫星空诗意翩，陈家湖畔月光绵。
隔屏赏读惊人句，对酒遐思筑梦篇。
秦克清流春水绿，自然生态夏荷妍。
采风弄墨文章妙，秀美乡村入韵笺。

秋　思

2018 年 9 月 6 日

心摇月亮船，意绪舞翩跹。
秋叶红尘染，相思玉韵牵。

方家推评

苦难开出平仄花

彭绍军

我对贺宜志先生的印象，起初是笼统而模糊的，而当他的形象清晰于眼前时，泪水却反复模糊双眼。"苦难开出平仄花"，是一遍又一遍擦拭泪水时，奔突于我胸腔的句子。

拙作《古诗新韵十六首》"丑媳妇见公婆"后，我在评论栏非常惊喜地看到华美缤纷的律诗和绝句，质和量均超过拙作本身，"贺宜志"就这样闯入我的眼帘。很快，我们成为微信好友，贺先生也欣然受邀入了《文艺石首》的微信群。我零星获知他"曾在石首当过民师"，是"华容一中的退休教师"，"攻旧体诗词5年，已有诗集出版"。

格律诗不好玩。闻一多写新诗尚且是"带着镣铐跳舞"，写格律诗岂止有镣铐，还得看有无炼字遣句的才华和"妙手偶得"的运气，眼高于顶的自恃者很容易塌方。

贺先生的青少年时代紧贴"大饥荒"，饥饿如梦魇般纠缠，威胁身体发育，"拉闸"求学谋生，"记得有一次生了大病，住进了学校的医务室，我实在饿得快不行了，便搭信要我的大姐帮我磨两斤熟米粉捎来，那时大姐家也穷，还有一群孩子，家里还有公婆管着，没有弄到米粉。后来说起这事，她好自责，并流了好多次眼泪"。读到此，我的耳畔就响起父亲讲述"不要有菜，哪天能吃上纯白米饭"的梦想。那是饥饿刻于民族灵魂上的集体记忆。岁月苦难，贺先生苦难尤甚，及待拖家带口（半边户），饥饿仍如影随形，因生产队不及照顾（预支口粮），"后来我老伴带着孩子，到学校找我哭诉这事"。我无法想象，自己饱受饥饿之虐后，又面对满脸菜色的妻儿，一个男人，一个一中的老师，暂不论尊严，其内心该是何等的疼痛！

无意渲染苦难，乃是感佩贺先生于苦难中的坚强，生命于苦难中的卓然绽放——教书育人桃李满园，七秩之年诗意翩然。贺先生的诗作中不见苦难的章节，反而是欣喜家国向好，感恩苦尽甘来，赞美壮丽河山，感慨老当益壮，抒发感悟豪情。苦难如砚如墨，磨出工稳之句，"诗人漂泊经年苦，游子归来几许闲"；磨出诗情芬芳，"云南粉黛何神泼，缥缈仙姿岁月花"；磨出人生芳华，"多情岁月催诗梦，故地长吟松竹梅"，堪后生晚辈学。

（彭绍军，网名蓝海才子，湖北石首人，年近知命。资深媒体人，发表新闻和文学作品逾百万字。现任职于深圳明喆集团企划部，兼职《石首文艺》编委会副主任。）

缤纷意象题秋叶

——读贺先生的《步韵〈谁写江南一段秋〉》

沙永松

营造适宜文学体裁的语言环境，将词语形式、结构状态、话语信息有机地链接；结合社会、生活、政治环境、事物始末等，从逻辑思维的角度，以丰富的意象和艺术魅力，精确地传达出作者内心的意绪，给人以美的震撼。这大概就是诗的作用。有人说诗没什么用，这是一种境界言论。因为庄子说过：无用之用，方为大用。

贺先生的八首辘轳体律诗，以元代邵亨贞的"谁写江南一段秋"为本，围绕秋的气息和特点，对观察的物象进行分类遴选，产生新的发言。诗中各物各景衬托出了以秋为主的审美意象，诱导、指派读者开放感观与觉察力，让思维走进诗的空间，体会发生的新意义。作者提笔信心十足，起句便以问自答：我来写秋，且落笔难收。其往事、故土、枫叶、大雁依次错落篇中。请明月作伴，托雁传乡愁。从洞庭的秋色到君山的妃影，从青莲酒肆到卢仝茶社，以及松涛柏海，塞上黄花，糜不网罗于册。诗人的笔墨在驾驭秋天浪漫的过程中，任意焊接想象。洞庭湖的帆影之中，三千仞上的放眼之处，开辟了一片乡愁的港湾，平铺了作品的通道，安排了意绪的归宿。作者在全新语境中蓄意遒放，用自己领悟的语言方式，切入生活，遥望乡关，抚平心灵的皱褶，提升审美的力量。

大块的诗篇中，凸显了很多清新的仗句和具有蕴藉的结尾。如"桂菊添香风送爽，松云有影韵清流"，让风物泻韵，使景象天开；"桑梓浓情乡韵在，烟茶淡酒鹤声悠"，思绪萦怀，乡愁溢于杯盏之外；"诗心只问南飞雁，可把吟笺带五洲"，转结豪放洒脱，意绪弥散在天高地远的空阔之间。各种艺术形象，经过诗人的情感、想象、思想、美学、趣味等万趣一收，酵解醇化，形成了作者的情感和个性鲜明的意象群，把读者带入想象的空间。

一个收获的季节，一个团圆的时刻，只要世上有秋天，人间必定有乡愁。作者如斯，天下使然。整个诗篇，语意畅通，格律规范整齐。其字词组合和声韵起伏中，将天然景物列成意象，以新颖的构造方式，妥帖地传达了诗人的情感。其能把秋天当纸，以乡愁落笔，诗的语言次第铺开。感慨油然，具有一定的艺术性和可读性。

管窥之言，不可看为赏析。

（沙永松，湖北省知名中医师，中华诗词学会会员，中国楹联学会会员，石首市文联副主席）